Rezar com o
CREIO

CREIO

Creio em Deus Pai
todo-poderoso,

Criador do céu e da terra.

E em Jesus Cristo,
seu único Filho, nosso Senhor,

que foi concebido pelo
poder do Espírito Santo;
nasceu da Virgem Maria,

padeceu sob Pôncio Pilatos,
foi crucificado,
morto e sepultado.
Desceu à mansão dos mortos;

ressuscitou ao terceiro dia;
subiu aos céus,
está sentado à direita de Deus Pai
todo-poderoso,

donde há de vir a julgar
os vivos e os mortos.

Creio no Espírito Santo,

na santa Igreja Católica,

na comunhão dos santos,

na remissão dos pecados,

na ressurreição da carne,
na vida eterna. Amém.

Rezar com o CREIO

Miguel Ángel Cortés

Dados Internacionais de Catalogação na Publicação (CIP)
(Câmara Brasileira do Livro, SP, Brasil)

> Cortés, Miguel Ángel
> Rezar com o creio / Miguel Ángel Cortés ; [tradução José Afonso Beraldin da Silva]. – São Paulo : Paulinas, 2011.
>
> Título original: Rezo con el credo : manual de oraciones para niños.
> Bibliografia
> ISBN 84-288-1836-3 (ed. original)
> ISBN 978-85-356-2732-9
>
> 1. Oração – Cristianismo   I. Título.

10-11888	CDD-248.32

Índice para catálogo sistemático:

1. Oração : Prática religiosa : Cristianismo	248.32

Título original da obra: *Rezo con el credo – Manual de oraciones para niños*
© Miguel Ángel Cortés / PPC Editorial y Distribuidora (2004)

Direção-geral: *Flávia Reginatto*
Editores responsáveis: *Vera Ivanise Bombonatto*
    Antonio Francisco Lelo
Tradução: *José Afonso Beraldin da Silva*
Copidesque: *Mônica Elaine G. S. da Costa*
Coordenação de revisão: *Marina Mendonça*
Revisão: *Ruth Mitzuie Kluska*
Direção de arte: *Irma Cipriani*
Assistente de arte: *Sandra Braga*
Gerente de produção: *Felício Calegaro Neto*
Projeto gráfico: *Wilson Teodoro Garcia*
Ilustrações: *Arturo Asensio*

Paulinas

Rua Dona Inácia Uchoa, 62
04110-020 – São Paulo – SP (Brasil)
Tel.: (11) 2125-3500
http://www.paulinas.org.br
editora@paulinas.com.br
Telemarketing e SAC: 0800-7010081

© Pia Sociedade Filhas de São Paulo – São Paulo, 2011

Da cabeça ao coração

Uma coisa é ter algo na cabeça e outra, muito diferente, é senti-lo com o coração. Pensamos muito, mas nem tudo que pensamos sentimos no nosso íntimo. Quando algo chega ao coração, consideramos nosso e isso nos incita.

Se você abriu este livro é porque, provavelmente, já sabe algo sobre Deus, sobre Jesus e sobre a vida dos cristãos. Certamente foi descobrindo muitos temas da fé cristã e agora seria capaz de falar sobre eles, o que é magnífico! Mas como ser cristão é um caminho de crescimento que não acaba nunca, proponho continuar avançando.

Tem nas mãos um livro feito com muita expectativa por várias pessoas, que pensaram em alguém como você. Queremos ajudá-lo a passar para o coração tudo aquilo que nós, cristãos, cremos e que muitas vezes fica só no pensamento.

Quanta diferença há em saber que Jesus existiu, que fez ou disse isto ou aquilo, e sentir que ele me ama e que eu o amo! Aqui você encontrará muitos elementos que servirão para introduzir a fé cristã em seu coração, de modo que acabe se tornando realmente sua.

Para isso propomos a você seguir a oração do Creio, na qual, há muitos séculos, a Igreja recolheu tudo o que é mais importante de sua fé. No início deste livro, há a explicação desta importante oração. Depois, em cada capítulo, é desenvolvido o conteúdo de cada uma de suas frases.

Estamos convidando-o, portanto, a rezar o Creio e a descobrir uma montanha de tesouros que existem dentro dele. Tesouros que irão permanecer em seu coração e que o farão sentir e viver sensações muito lindas.

Miguel Ángel Cortés

O Creio

Nos primeiros séculos, os que tinham desejo de se tornar cristãos se preparavam durante algum tempo para receber o Batismo. Dentre outras coisas, era-lhes explicado o Creio, ou seja, os tesouros que a fé em Jesus contém. A seguir, eles o proclamavam diante de todos os cristãos para expressar que a crença deles era exatamente igual à da comunidade que os recebia.

No século III já há documentos escritos que nos transmitem o Creio mais antigo, o mais breve. Pode ser encontrado no início deste livro, o qual iremos seguir. Existe uma versão mais longa, do século IV, e está no final do livro.

Na ilustração ao lado, podem ser vistas três pessoas distintas, embora tenham muito em comum. É uma representação de Deus Pai, Filho e Espírito Santo, o que chamamos de Trindade.

O que isso tem a ver com o Creio? Quando fomos batizados, o padre derramou água sobre nossa cabeça, dizendo: "Eu te batizo em nome do Pai, do Filho e do Espírito Santo". É por isso que o Creio tem três partes que começam com estas frases: "Creio em Deus Pai... E (creio) em Jesus Cristo... Creio no Espírito Santo...".

Na ilustração, a figura da esquerda representa o Pai. As outras duas olham em sua direção, porque ele é o princípio de tudo. Está de branco. Com a mão esquerda abençoa, derramando seu amor sobre todas as coisas. No centro, encontra-se o Filho. Sua veste é vermelha, porque foi ele quem entregou sua vida e derramou seu sangue pela salvação do mundo. Por isso tem a mão esquerda pousada sobre o coração. À direita, o Espírito Santo, de verde, a cor da vida e da fecundidade, é o sopro de Deus que dá vida a tudo o que existe.

As três pessoas formam uma comunidade de amor que não pode ser rompida: são um só Deus. Com a mão direita, tocam o círculo azul que representa o mundo: nele está a humanidade que a Trindade ama; ele se encontra em cada um de nós.

Rezar com o Creio vai fazer com que você sinta o amor do Pai, do Filho e do Espírito em sua vida.

Cada capítulo tem por título uma palavra ou frase do Creio e está dividido nas seguintes seções:

- **Escutamos**

Reproduz algumas frases do Novo Testamento relacionadas com o conteúdo do capítulo. Assim, escutamos a Palavra de Deus.

- **Cremos**

Oração que desenvolve o conteúdo do título de cada capítulo. Deve ser lida devagar, pensando naquilo que se lê.

- **Louvamos**

Contém frases dos Salmos, que são orações do povo de Israel conservadas na Bíblia e que nós, cristãos, continuamos utilizando para rezar. Com esses textos poéticos, você pode se dirigir a Deus, louvando-o por aquilo que descobriu na seção anterior.

- **Rezamos**

Duas orações que ajudarão você a rezar, aprofundando tudo aquilo que é desenvolvido no capítulo.

- **Contamos**

Uma pequena história, real ou fictícia. No final, há algumas frases que aplicam a história a sua vida e convidam você a viver o que reza.

- **Contemplamos**

Uma ilustração e um breve comentário. São imagens muito lindas que é preciso contemplar, não só olhar. É para isso que serve o comentário. E, olhando a imagem, você poderá dirigir-se a Deus com suas próprias palavras.

Além disso, há três "oficinas de oração" no final de cada uma das três partes do Creio. São propostas concretas para que você possa viver um momento de oração diferente. Ademais, isso pode servir de ponto de partida para outras "oficinas de oração", que poderão ser criadas por você mesmo.

1. Procurar um lugar tranquilo, sem distrações.

2. Ficar em paz consigo mesmo e fazer o sinal da cruz.

3. Fechar os olhos e dizer a Jesus frases como: "Jesus, eu creio em ti!", "Jesus, eu te amo!", "Jesus, me ajuda a crer com o coração...".

4. Escolher um dos capítulos e concentrar-se no título.
- Depois, dentro do capítulo, concentrar-se em uma das seções.
- Ler devagar, inclusive várias vezes, até que aquilo que está sendo lido chegue ao coração.
- Ler só uma seção por vez, na ordem em que se encontra.

5. Fechar os olhos e permanecer em silêncio, pensando sobre o que leu.
- Repetir a frase que mais gostou, sem pressa.
- Caso decida rezar olhando para a ilustração, é melhor analisá-la bem.

6. Se quiser e se sentir inspirado, escrever algumas frases dirigidas ao Pai, ao Filho ou ao Espírito.

7. Dar graças a Deus por ter vivido este momento de oração.

8. Concluir fazendo vagarosamente o sinal da cruz.

1 Creio

● Escutamos

✓ Diz Jesus a seus amigos:
Credes em Deus, crede também em mim. (Jo 14,1)
Tende fé em Deus. (Mc 11,22)

✓ Um dia, certa pessoa pediu a Jesus:
Eu creio! Ajuda-me na minha falta de fé. (Mc 9,24)

● Cremos

Creio em ti

Creio em ti, Senhor e Deus nosso.
És como o sol que todos os dias sai
disposto a iluminar e a dar calor a todo ser vivo.
És como o ar que tudo envolve
e que nos permite respirar,
embora não te vejamos nem te notemos.
Como não viver cada dia confiando em teu amor?
Deus nosso, eu também creio em ti.
Tu nos diriges tua Palavra,
nos falas de muitas maneiras:
na Bíblia, na natureza,
no coração das pessoas,
nos acontecimentos de cada dia...
Todas as tuas palavras, Senhor, estão cheias de sabedoria.
São luz para o nosso caminho
e força para o nosso coração.
Sim, Deus nosso, eu creio em ti.

● Louvamos

Confie em Deus que nos guia e acompanha

Há quem creia em fadas e feiticeiros. Há quem creia que o amanhã será bom. E há quem não creia em nada. Mas quando você diz "creio", saiba que Deus o acompanha no caminho da vida. Louve-o, porque ele sempre o guiará e lhe dará forças:

O Senhor é meu pastor, nada me falta.
Se eu tiver de andar por vale escuro,
não temerei mal nenhum, pois comigo estás.
Tua bondade e tua misericórdia vão me acompanhar
todos os dias da minha vida. (Sl 23[22])

Sempre coloco à minha frente o Senhor,
ele está à minha direita, não vacilo.
Disso se alegra meu coração.
Senhor, tu me indicarás o caminho da vida,
alegria plena à tua direita, para sempre. (Sl 16[15])

Louve a Deus com todos os que creem

Quando diz "creio", você se une a todos os que creram ao longo da história e a todos os que agora continuam confiando nele:

Povos todos, louvai ao Senhor,
nações todas, dai-lhe glória.
Firme é sua misericórdia para conosco
e sua fidelidade dura para sempre. (Sl 117[116])

Aleluia! Louvai ao Senhor!
Louvai-o tocando trombetas,
louvai-o com tambores e danças,
louvai-o nas cordas e nas flautas,
louvai-o com címbalos sonoros.
Todo ser vivo louve ao Senhor. (Sl 150)

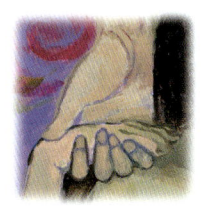

● Rezamos

Obrigado

Obrigado porque te conheço e creio em ti.
Obrigado pelo Batismo que me deu de presente a fé.
Obrigado por todas as pessoas que me falaram de ti
e me ensinaram a te amar.
Obrigado, Senhor, porque tu crês em mim.
Antes que eu soubesse qualquer coisa sobre ti,
tu já me conhecias e me amavas.
E quiseste tornar-me um dos teus amigos.
Tu, Senhor, confias em mim.
Obrigado, Deus!

Ajuda-nos a crer

Às vezes, Senhor, me faço perguntas sobre ti,
sobre as coisas que leio na Bíblia,
sobre tudo o que nós cristãos cremos.
Às vezes, Senhor, não sinto que tu estás conosco.
Tenho minhas dúvidas.
Eu sei que há pessoas que não creem em ti,
que dizem que não existes,
ou que vivem sem te levar em conta.
Como vês, Senhor,
crer nem sempre é fácil.
Ajuda-nos a crer!

● Contamos

Olhar as estrelas

À noite, parte da turma ficou no jardim com o professor. Deitados no chão, permaneciam em silêncio, enquanto ia se apagando o murmúrio do restante dos companheiros que já tinham se recolhido.

O silêncio foi se tornando profundo e agradável.

O céu estava cheio de estrelas que brilhavam como diamantes sobre um veludo azul.

– Que lindo! – disse um menino de olhos escuros como a paisagem, rompendo a magia do momento.

– Rafa – perguntou outro –, por que em nossa cidade não há estrelas?

– Mas claro que há estrelas – respondeu o professor. – O que acontece é que as luzes da cidade e a poluição não nos permitem vê-las. Além disso, nós também não paramos para olhá-las.

Crer é estar convencido de que Deus está sempre iluminando e tornando formosa a nossa vida, embora outras coisas não nos deixem vê-lo, ou simplesmente nem sequer nos damos conta. E também, dedicar-nos de vez em quando a olhá-lo e a desfrutar dele no silêncio.

● Contemplamos

O que vemos

Olhe a imagem com atenção. Observe tudo o que há nela: figuras, cores... O que você vê?

No centro, um rapaz, cheio de confiança, olha para cima. Está situado na paisagem de uma cidade. Sua mão direita está apoiada numa mão que vem do alto.

Seu ombro esquerdo é levemente tocado atrás, por outra mão que o empurra e que também vem de cima. No alto da ilustração, uma grande mancha vermelha.

O que mais chama sua atenção?

O que descobrimos?

O pintor não quis retratar uma pessoa real, mas sim expressar o que sente todo aquele que crê, e representou isso de forma simbólica.

Quem crê sabe que Deus existe e que o ama (o vermelho é a cor do amor).

Sente que Deus o sustenta e apoia sempre (mão direita), e que também o empurra com carinho para que vá adiante (mão esquerda).

Quem crê olha para Deus com confiança e vive esperançoso.

Esteja onde estiver e faça o que fizer, sabe que Deus sempre o acompanha.

Oremos

Senhor, olhando para esta imagem, quero te dizer...

- Em ti ponho minha confiança...
- Em meio ao silêncio e entre os ruídos, percebo tua mão em minhas costas...
- Apoio-me em tua mão firme, que me sustenta...
- Tu me dás forças para começar a andar..., para ser solidário, para fazer coisas boas na vida: estendo minha mão para os outros.
- Tu me deste este precioso dom da fé. Muito obrigado!
- Coloco-me diante de ti para que tua luz inunde minha vida e me acompanhe no caminho, entre as pedras e as flores, nas ruas da minha cidade...

2 Creio em Deus Pai todo-poderoso

● Escutamos

✓ Quando Jesus quis ensinar os seus discípulos a rezar, disse-lhes:
Pai nosso que estás nos céus, santificado seja o teu nome...
(Mt 6,8 9)

✓ São Pedro escreveu isto a um grupo de cristãos que estavam passando por dificuldades:
Confiai a ele todas as vossas preocupações, pois ele é quem cuida de vós. (1Pd 5,7)

● Cremos

Creio em ti, Pai

Creio, Senhor,
que tu és meu Pai e Pai de toda a humanidade.
Jesus nos ensinou a chamar-te assim
para que descobríssemos que,
como um pai e uma mãe,
tu nos dás a vida, tua mesma vida;
tu nos ajudas a crescer e a desenvolver-nos
para chegar a sermos pessoas;
tu nos indicas um caminho de felicidade
e nos convidas a trilhá-lo;
tu nos pedes que extraiamos o melhor de nós mesmos,
sem contentar-nos em ser medíocres;
tu nos ofereces um amor total e incondicional.
Creio, Senhor, que tu és totalmente amor,
e que de teu coração não pode brotar senão amor.
Creio, Senhor, que todos nós, homens e mulheres,
somos irmãos, membros de uma mesma família, a tua família.
E que por isso todos somos iguais
e podemos viver unidos.

● Louvamos

Reconheça que Deus é Pai e que nos ama ────────

Para os cristãos, todos os homens e mulheres do mundo são filhos de um mesmo Pai. Louve-o:

Minha alma, bendize ao Senhor
e tudo o que há em mim, o seu santo nome!
Minha alma, bendize ao Senhor,
e não esqueças nenhum de seus benefícios.
Como um pai sente ternura pelos seus filhos,
o Senhor sente ternura pelos seus fiéis.
O Senhor é clemente e misericordioso,
paciente e rico no amor.
O Senhor é bom para com todos,
sente ternura por todas as suas criaturas.
Minha alma, bendize ao Senhor! (Sl 103[102]; 145[144])

Reconheça o amor de Deus que nos salva ────────

O amor de Deus sempre nos acompanha. Confie nele:

O Senhor é minha luz e minha salvação; de quem terei medo?
O Senhor é quem defende a minha vida; a quem temerei?
Senhor, meu rochedo, minha fortaleza, meu libertador;
meu Deus, minha rocha, meu refúgio, meu escudo,
meu baluarte, minha poderosa salvação. (Sl 18[17]; 27[26])

● Assim rezamos

O globo terrestre

Gosto, Pai, de olhar para o globo terrestre
e de fazê-lo girar.
Imagino ser um astronauta
dando voltas em torno da Terra.
Vou olhando os continentes e os países.
Imagino as pessoas que neles habitam:
são de diferentes cores,
falam em muitos idiomas distintos,
têm costumes diversos.
Entretanto, somos todos uma mesma família!
É muito lindo o que eu vejo:
todas as pessoas, teus filhos;
o mundo, nossa casa comum.
É assim que tu nos vês.

Onde está o teu poder?

Pai, tu és grande, e também poderoso.
Onde está o teu poder?
Às vezes eu gostaria que tu resolvesses os problemas do mundo,
e também os meus, só dando uma ordem.
Certa vez te imaginei sentado num escritório,
cheio de monitores, nos quais vês tudo o que se passa,
apertando botões para que as coisas andem como desejas.
Mas creio que isso seja só uma caricatura de ti.
Tu és muito mais uma espécie de grande coração,
cujos batimentos movem o mundo,
com a força do amor.
Só com a força do amor.
Esta é a tua força: amar totalmente a todos e a cada um,
pondo esse amor no coração das pessoas.
Oxalá saibamos recebê-lo!

● Contamos

Um par de pegadas

Certa noite um homem teve um sonho. Sonhou que caminhava à beira de uma praia com o Senhor. No céu, eram projetadas cenas de sua vida. Em cada cena via dois pares de pegadas na areia: um dele, e outro do Senhor.

Quando a última cena passou diante dele, ele se voltou olhando as pegadas na areia. Notou que muitas vezes, ao longo do percurso de sua vida, havia somente um par de pegadas. Também observou que isso coincidia com os momentos mais tristes e solitários.

Ele ficou intrigado com isso e perguntou ao Senhor:

– Senhor, tu disseste que, uma vez que eu decidi seguir-te, tu caminharias comigo por todo o caminho; todavia, notei que nos momentos mais difíceis da minha vida há somente um par de pegadas. Não compreendo por que, quando eu mais precisava de ti, me deixaste sozinho.

O Senhor lhe respondeu:

– Meu filho querido, eu o amo e nunca o abandonei. Durante seus momentos de provação e de sofrimento, quando você viu unicamente um par de pegadas, é porque eu o carregava nos meus ombros. Por isso só há duas, e mais profundas.

O amor de Deus, nosso Pai, nunca nos deixa de acompanhar, embora às vezes não o sintamos nem o vejamos.

● Contemplamos

O que vemos

Olhe a imagem detidamente, começando de cima para baixo. O que você vê?

Observe uma espécie de nuvem cinzenta, da qual brota uma cascata de cor e de luz branca. Essa cascata se transforma em mãos que envolvem e acolhem.

No centro, uma jovem, descalça e com os braços levantados, olha para frente, sorridente.

A seus pés, uma mancha vermelha, em forma de montanha, per-passada por uma espécie de rio que se abre em muitos canais.

O que mais chama sua atenção?

O que descobrimos?

Este pode ser um retrato de Deus. Deus Pai não tem rosto. Mas podemos falar dele utilizando imagens.

Deus Pai é como uma fonte. Dele brota abundantemente uma torrente de vida, de luz, de água fresca, de amor. A fonte nunca seca, derrama-se sobre o mundo e sobre as pessoas.

Deus Pai é como mãos amorosas que tudo sustentam e a todos apoiam. Tudo leva o toque de Deus. Aquele que sente esse toque em seu coração e vê o amor do Pai em tudo está cheio de vida e de alegria. Os rostos de felicidade dos que creem no Pai são o melhor retrato de Deus.

Oremos

Senhor, olhando para esta imagem, quero te dizer...
- Tu és a fonte da vida e do amor...
- Preciso que tuas mãos me sustentem...
- Quero me deixar encharcar pela tua chuva de felicidade...
- Quero levar um sorriso em meu rosto porque me sinto amado...

3 Creio em Deus, Criador do céu e da terra

● Escutamos

✓ As primeiras palavras que lemos na Bíblia são estas:
No princípio, Deus criou o céu e a terra. (Gn 1,1)

✓ Um pouco mais adiante aparecem estas outras:
Deus criou o ser humano à sua imagem, à imagem de Deus o criou. Homem e mulher ele os criou. (Gn 1,27)
E Deus viu tudo quanto havia feito e achou que era muito bom. (Gn 1,31)

● Cremos

Creio em ti, Criador

Creio, Senhor, que tu és nosso criador.
O universo e todos os seres
existimos porque tu nos amas.
Criaste-nos por amor e nos manténs por amor.
Desde as origens do universo até hoje,
ao longo de milhões de anos,
tudo foi se desenvolvendo numa evolução maravilhosa.
Hoje a ciência nos revela o infinitamente grande
e o infinitamente pequeno do cosmo.
Creio, Senhor, que tudo leva a marca do teu amor.
E, sobretudo, o homem,
feito à tua imagem e semelhança,
o único ser livre capaz de te conhecer e de te amar,
e de conhecer e amar a criação.
Contemplo tua obra e creio em ti, Senhor.

● Louvamos

Louve o Criador

Olhe as montanhas e os bosques. Contemple as estradas e os rios. Observe o mar. Passeie devagar pelo campo. É o seu mundo. O seu lugar. Deus o preparou para você com amor. Louve ao Senhor:

Senhor, nosso Deus, como é glorioso teu nome em toda a terra!
Quando olho para o teu céu, obra de tuas mãos,
vejo a lua e as estrelas que criaste:
que é o homem, para dele te lembrares,
que é o ser humano, para dele te ocupares? (Sl 8)

Louve com toda a criação

Você se sente pequeno. Não basta seu coração para louvar a grandeza de Deus. Convide toda a criação. Que de toda a terra suba um canto de louvor ao Criador.

Louvai ao Senhor nos céus, louvai-o nas alturas...
Louvai-o, sol e lua, louvai-o, vós todas, estrelas brilhantes...
Louvem o nome do Senhor, porque ele mandou e foram criados...
Louvai ao Senhor na terra, cetáceos e todos os abismos;
montes e todas as colinas, árvores frutíferas e todos os cedros;
feras e animais domésticos, répteis e aves que voam.
Louvem ao nome do Senhor, porque só seu nome é sublime.
(Sl 148)

● Rezamos

Te louvo, Senhor

Pela vida que se renova na natureza sem cessar,
te louvo, Senhor.
Pela beleza das paisagens, dos animais e das pessoas,
te louvo, Senhor.
Pela evolução da matéria e da vida
que deu forma a tudo o que existe,
te louvo, Senhor.
Pela inteligência dos homens
que descobre os segredos do cosmo,
te louvo, Senhor.
Pelo poder que nos deste de utilizar a criação
para o bem de todos,
te louvo, Senhor.
Por todas as maravilhas que há em mim,
te louvo, Senhor.

Quando pisoteamos o jardim

Senhor, tu idealizaste o mundo
como um formoso jardim para os homens e as mulheres.
Mas às vezes nós o maltratamos
e ele acaba se tornando um deserto,
ou fazemos dele um campo de batalha
onde lutamos uns contra os outros,
ou o transformamos num clube privativo,
que a maioria das pessoas não pode desfrutar.
Isso acontece conosco quando esquecemos
que tudo é um presente teu.
Perdoa, Senhor,
e ajuda-nos a colaborar contigo
na criação deste mundo maravilhoso.

● Contamos

Para compor o mundo

Um cientista, preocupado com os problemas do mundo, passava horas no seu laboratório em busca de respostas para minimizá-los. Certo dia, seu filho de 7 anos invadiu seu santuário, decidido a ajudá-lo. O cientista, vendo que era impossível contê-lo, pensou em dar-lhe algo que pudesse distrair sua atenção. Achou uma revista em que havia o mapa-múndi; com uma tesoura, recortou-o em vários pedaços e o entregou a seu filho.

– Como gosta de quebra-cabeças, vou dar-lhe o mundo em pedaços para que o conserte sem a ajuda de ninguém.

Então, calculou que o pequeno levaria algumas horas para recompor o mapa; mas não foi assim. Passados alguns minutos, ouviu a voz da criança que o chamava calmamente.

– Papai, papai, já fiz tudo, consegui terminá-lo.

No começo, o pai não acreditou no que ouvia. Pensou que seria impossível que, na sua idade, ele tivesse conseguido recompor um mapa nunca antes visto por ele. Todavia, para sua surpresa, estava completinho. Como era possível?

O pai, impressionado, perguntou ao filho:

– Você não sabia como era o mundo. Como conseguiu fazer isso?

– Papai, eu não sabia como era o mundo, mas vi que do outro lado do mapa se encontrava a figura de um homem. De modo que virei os pedaços recortados e comecei a recompor o homem, que eu sabia como era. Quando consegui montar o homem, virei a folha e vi que eu tinha consertado o mundo.

O mais importante da criação é o homem, imagem de Deus Criador. Se as pessoas forem reconstruídas por meio do amor, o universo viverá em harmonia.

● Contemplamos

O que vemos

Olhe a imagem com atenção, começando pelo ângulo inferior direito. O que você vê?

Observe na parte inferior direita umas manchas escuras sem forma determinada. No lado esquerdo aparecem formas de vida muito elementares, flutuando na água. E um pouco mais acima, a figura de um primata.

Mais acima ainda, entre cores vivas, podem-se ver as figuras de uma mulher e de um homem, em movimento ascendente. Parecem dançar ou flutuar. A mulher leva na mão um ramo de oliveira, símbolo da paz.

Há uma paisagem de montanhas, plantas, pássaros e astros. Na parte superior, tudo se apresenta lindo e em harmonia. O conjunto da ilustração parece mover-se em espiral...

O que mais chama sua atenção?

O que descobrimos?

O movimento da criação: esta história de milhões de anos, que do nada e da escuridão total foi produzindo vida, cada vez mais complexa e formosa.

Tudo é fruto da força de Deus. Por isso sua obra mais maravilhosa é a aparição do homem e da mulher. Os dois juntos são a imagem de Deus. Todo ser humano é imagem de Deus. Deus imaginou o mundo como um lugar de paz e de harmonia, um jardim no qual as pessoas vivessem unidas entre si, com a natureza e com o próprio Deus.

Oremos

Senhor, olhando para esta imagem, quero te dizer...

- Quão grande és tu! Quão admirável é a tua força e a tua sabedoria!...
- Obrigado por ter-me feito à tua imagem e semelhança...
- Como esta maravilhosa história não terminou, aqui estou para te ajudar...

4 Creio em Jesus Cristo, seu único Filho, nosso Senhor

● Escutamos

No Novo Testamento, várias pessoas que se encontraram com Jesus, antes ou depois de sua ressurreição, expressam sua fé nele.

✓ Pedro disse:
Tu és o Messias, o Cristo, o Filho do Deus vivo. (Mt 16,16)

✓ O centurião romano disse:
Na verdade, este homem era Filho de Deus! (Mc 15,39)

✓ Paulo escreveu numa de suas cartas:
Minha vida eu a vivo na fé, crendo no Filho de Deus, que me amou e se entregou por mim. (Gl 2,20)

● Cremos

Creio em ti, Jesus

Creio em ti, Jesus.
Quando te vejo curando os doentes,
perdoando os pecadores,
e anunciando a Boa-Nova aos pobres,
descubro que teus gestos, teus olhares e tuas palavras
transmitem abundantemente o amor do Pai.
Quando escuto tuas palavras,
quando observo que tu fazes o que dizes,
e que és fiel até o fim apesar de tudo,
me convenço de que em ti se pode confiar.
Quando te olho, Jesus, como morres na cruz amando,
e como tua ressurreição enche de vida os teus amigos,
sinto que tudo isso também o fazes hoje por mim,
não posso senão dizer-te:
"Te amo, Jesus; eu creio em ti".

● Louvamos

Peça a Deus paz e justiça ────────

Una-se a todos os homens que esperam a salvação de Jesus. Peça-lhe justiça e paz. E trabalhe você também por elas:

As montanhas tragam paz ao povo
e as colinas lhe tragam justiça.
Aos pobres do seu povo fará justiça,
salvará os filhos dos pobres
e abaterá o opressor.
Ele libertará o pobre que o invoca
e o indigente que não acha auxílio;
terá piedade do fraco e do pobre,
e salvará a vida de seus indigentes.
Seu nome dure para sempre,
e sua fama dure como o sol.
Nele serão abençoadas todas as raças da terra
e todos os povos vão proclamá-lo feliz. (Sl 72[71])

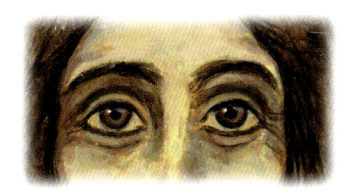

Que todos conheçam a Jesus ────────

Manifeste a Jesus o desejo de que todos o conheçam. Ele nos trouxe a salvação. Ele é o nosso caminho:

Senhor, faze brilhar sobre nós a tua face,
para que se conheça na terra o teu caminho,
entre todos os povos a tua salvação.
Que os povos te louvem, ó Deus,
que te louvem todos os povos. (Sl 67[66])

● Rezamos

Me falaram de ti

Jesus,
muitos me falaram de ti.
Li o que os evangelistas escreveram de ti.
Ouvi falarem de ti pessoas
que te conhecem e te amam.
Graças a todos eles te conheço.
Mas não quero só conhecer-te por ter ouvido falar.
Jesus, quero provar eu mesmo muitas vezes
o sabor da tua amizade.

Não basta admirar-te

De que serve, Jesus, admirar-te,
se tu fores para nós unicamente um personagem do passado?
De que serve admirar-te,
se não fizermos caso de tuas palavras
nem dedicarmos tempo para falar e estar contigo?
De que serve admirar-te,
se não abrirmos nosso coração
para sentir teu amor por nós?
Jesus, eu não quero só te admirar.
Isso não enche o meu coração nem me transforma por dentro.
Ajuda-me a fazer da minha vida
uma história de amizade contigo.

● Contamos

A cadeira vazia

Um sacerdote visitava frequentemente um enfermo em sua casa. E sempre observava com estranheza a presença de uma cadeira vazia junto à cama.

Certo dia, perguntou-lhe:

– Para que serve essa cadeira vazia perto da sua cama?

– Ela não está vazia – respondeu o enfermo. – Coloquei Jesus nessa cadeira e estava falando com ele antes que você chegasse... Durante anos, foi difícil para mim orar, até que um amigo me explicou que rezar é falar com Jesus. Ao mesmo tempo me aconselhou que eu colocasse uma cadeira vazia perto de mim, imaginando Jesus sentado nela, e tentasse falar com ele e escutar o que me respondia. Desde aquele momento não tive mais dificuldade para rezar.

Alguns dias depois, a filha do enfermo veio à casa paroquial para informar ao padre que seu pai havia falecido. Disse:

– Deixei-o sozinho algumas horas. Parecia tão cheio de paz! Quando voltei para casa, encontrei-o morto. Mas notei algo raro: sua cabeça não estava apoiada sobre o travesseiro, mas sobre uma cadeira colocada perto da sua cama.

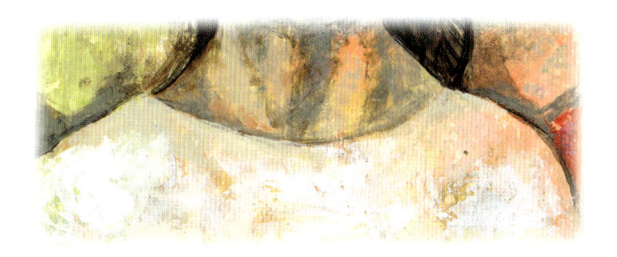

Crer em Jesus é partilhar com ele todos os momentos de nossa vida, deixando que nos ilumine e nos estimule.

● Contemplamos

O que vemos

Olhe a imagem detidamente. Observe todos os detalhes. O que você vê?

Trata-se de um rosto. Que sensação lhe produz?

Tem luz própria, como se a luz viesse do seu interior. E grandes olhos, que fitam com intensidade. Seus traços são fortes, as maçãs do rosto bem marcadas, mas ao mesmo tempo expressam doçura, ternura e alegria. Sorri...

O que mais chama sua atenção?

O que descobrimos?

É o rosto de Jesus que nos olha. Ele o faz com o mesmo olhar com o qual escolheu e chamou os seus discípulos.

É o olhar cheio de carinho e misericórdia que Jesus dirigia aos pecadores e aos enfermos.

É o olhar com o qual Jesus oferecia sua amizade a tantos homens e mulheres com os quais se encontrou.

Um olhar que chega até o íntimo e atrai. E que, silenciosamente, diz muitas coisas.

Descobrimos que, diante do rosto de Jesus, dá prazer sentir-se olhado.

Oremos

Senhor, olhando-te nos olhos, quero te dizer...

- Sei que tu me amas e me escolhes como amigo...
- Também tu, Jesus, me olhaste nos olhos; sorrindo, disseste meu nome...
- Gosto de te olhar e de te contar o que faço e o que sinto...
- Ou, simplesmente, gosto de te olhar sem dizer nada...

Uma proposta de oração

A oração que lhe propomos aqui não é feita a partir de um texto escrito, mas de coisas que vai ver e ouvir. Nos três capítulos anteriores, você pôde rezar dirigindo-se a Deus Pai. Deve lembrar-se de que de seu coração brota constantemente o amor e de que ele é o criador de tudo que existe. Por isso afirmamos que todos nós, homens e mulheres, somos feitos à sua imagem e formamos uma única grande família.

Pois bem, estamos propondo a você um momento tranquilo de oração, no qual vai poder sentir realmente todas estas coisas. Para fazer esta oficina, leia primeiro os passos que são explicados a seguir e, depois, execute-os devagar, desfrutando cada momento.

1. Abra uma janela

✓ Sim, vá à janela do seu quarto ou a outra janela da sua casa e abra-a.

- Você vive numa casa localizada em um ponto: no meio da cidade, num bairro, ou em pleno campo... Pense nisso.
- Disso você já sabe, claro. Todos os dias você vê o ambiente onde está localizada a sua casa. Mas, talvez por isso mesmo, nunca tenha parado para olhar e sentir de verdade tudo o que há ali. Hoje você pode fazer isso.
- E, sobretudo, hoje você será capaz de olhar e de sentir tudo como nosso Pai Deus olha e sente.

2. Abra a janela do coração

✓ Ao abrir a janela, você deve ter-se dado conta de algumas coisas: é possível ouvir melhor alguns sons e ver muitas coisas...

✓ Desse modo, você abriu também seu coração à natureza, às pessoas que estão fora, a tudo o que se move ao seu redor.

✓ Respire fundo e deixe que tudo isso se infiltre em você.

3. Olhe

✓ Observe lentamente tudo o que se vê da sua janela, embora já o tenha visto mil vezes.

- Comece olhando para o céu: É dia? É noite? Está anoitecendo? Como está o céu: limpo, nublado...?
- Vá abaixando o olhar: Vê outras coisas? Como são as casas: bonitas, modestas...? Vê pessoas dentro delas?
- Olhe a rua, ou o campo, ou o jardim. O que vê: plantas, árvores, pássaros, coisas criadas pelo homem, pessoas...?
- Faça uma lista das coisas que vê da sua janela.

_____

_____

_____

_____

_____

_____

✓ E agora reze usando tudo isso. Lembre que:

- Toda a natureza é um presente de Deus: a luz, o ar, as plantas, os animais... Você é parte dessa natureza; tudo e todos viemos do mesmo Pai.
- As coisas lindas que vemos alegram o coração... Desfrute-as e agradeça por elas.
- Deus ama todas e cada uma das pessoas que vemos pela rua ou pelas outras casas... Faça o mesmo em seu íntimo.
- Deus fez os homens e as mulheres capazes de dominar a natureza e de desenvolver a técnica para fabricar muitas coisas úteis... Louve a Deus por isso.
- Muitas coisas que eu vejo estão aí pelo trabalho de muitas pessoas que as tornaram possíveis, e assim colaboraram com Deus Criador... Pense nelas com agradecimento.

✓ O que você tem vontade de dizer a Deus neste momento?

4. Escute

✓ Agora, escute atentamente tudo o que ouve: ruídos, sons, murmúrios, vozes...

- Ocupe-se com cada um deles. Uns serão familiares para você, outros talvez não. Escute todos eles.
- Você é capaz de identificar de onde provêm e quem ou o que os produz? São sons naturais ou mecânicos? Há sons humanos? São agradáveis ou desagradáveis? Próximos ou distantes?

✓ Agora, aguce um pouco mais o ouvido.

- Por baixo dos sons mais fortes talvez haja outros fracos, que não podem ser ouvidos facilmente. Trata-se de sons suaves, como murmúrios constantes de fundo, o som do vento...

✓ Faça uma lista com os sons que você escuta.

_____

_____

_____

_____

_____

✓ Agora, reze com todos eles. Lembre que:

- Os sons agradáveis alegram a vida e costumam nos dar serenidade e paz... Nós os desfrutamos e somos gratos por eles.
- Há sons que nos indicam que alguém está trabalhando, que há pessoas esforçando-se numa atividade... Deus se alegra por tanto esforço que move o mundo; faça o mesmo.
- Concentrando-nos nos sons, aprendemos também a valorizar o silêncio... que também pode ser ouvido. Do mesmo modo, Deus fala no silêncio; escute-o.

✓ Diga algo a Deus Pai neste momento.

5. Escreva uma oração

✓ Depois de tudo o que vimos anteriormente, sente-se para escrever algumas frases dirigidas a nosso Deus Pai.

✓ Pode escrevê-las nesta página mesmo ou numa folha à parte. Neste último caso, é possível repetir o exercício em diferentes momentos.

✓ Para ajudá-lo, apresentamos algumas formas diferentes de começar estas frases:

- Pai, eu te louvo por...

_____

_____

_____

- Peço-te, Pai...

_____

_____

_____

- Obrigado, Pai, por...

_____

_____

_____

- Pai, aqui estou...

_____

_____

_____

5 Concebido pelo poder do Espírito Santo, nasceu da Virgem Maria

● Escutamos

✓ Antes de José e Maria viverem juntos, aconteceu que Maria engravidou. Deus dirigiu esta mensagem a José:
José, Filho de Davi, não tenhas receio de receber Maria, tua esposa; o que nela foi gerado vem do Espírito Santo. Ela dará à luz um filho, e tu lhe porás o nome de Jesus, pois ele vai salvar o seu povo dos seus pecados. (Mt 1,20)

✓ E o evangelista acrescenta:
Tudo isso aconteceu para se cumprir o que o Senhor tinha dito pelo profeta: "Eis que a virgem ficará grávida e dará à luz um filho. Ele será chamado pelo nome de Emanuel, que significa: Deus-conosco". (Mt 1,22-23)

✓ São João diz, em seu evangelho, referindo-se ao Filho de Deus:
E a Palavra se fez carne e veio morar entre nós. (Jo 1,14)

● Cremos

Creio em ti, Jesus, Deus e homem

Creio, Jesus, que tu és Deus e homem.
Só alguém como Deus poderia amar como tu amaste.
Só um homem poderia partilhar nossa vida
e ser realmente nosso irmão.

● Louvamos

Louve a Deus, que nos envia o Salvador ————————

Louve a Deus que nos envia o seu Filho Jesus, o príncipe da paz. Ele nos trará a justiça, ele nos dará a paz:

Cantai ao Senhor um cântico novo,
cantai ao Senhor, terra inteira,
gritai e exultai cantando hinos.
Todos os confins da terra
puderam ver a salvação do nosso Deus.
Alegrem-se os céus, exulte a terra,
ressoe o mar e o que ele contém,
exultem as montanhas diante do Senhor,
pois ele vem julgar a terra. (Sl 96[95])

Louve a Deus com as palavras do anjo ————————

Louve a Deus que se torna um de nós. Louve-o com as palavras do anjo, que nos anuncia o nascimento de Jesus:

Nasceu para vós o Salvador, que é o Cristo Senhor!
Glória a Deus no mais alto dos céus, e na terra,
paz aos que são do seu agrado! (Lc 2,10.14)

● Rezamos

Gosto de ti assim

Jesus: gosto de te ver como criança
que precisa de alimento e de cuidados.
Imagino-te aprendendo a ler, a escrever, a rezar,
e descobrindo pouco a pouco tudo o que estava ao teu redor.
Gosto de ver como desfrutas da beleza das flores,
acompanhado dos teus discípulos.
Impressiona-me te ver chorar pela morte de um amigo
ou a tua comoção profunda diante do sofrimento de alguém.
Observo que há coisas que te enchem de alegria,
e outras que te irritam e te aborrecem.
Gosto de ouvir que explicas as coisas de Deus,
falando dos afazeres do campo e das tarefas de casa.
Assim sinto que estás muito perto de mim, que eu te entendo
e que também tu entendes tudo aquilo que eu vivo.
Gosto de ti assim, meu Deus próximo e amigo.

Mãe de todos

Maria,
tua alegria é que todos conheçamos e amemos teu Filho.
Teu desejo é que sua salvação transforme o mundo.
Puseste tua pessoa e tua vida
a serviço deste maravilhoso projeto.
Por isso disseste que eras "a serva do Senhor".
E Deus te tornou forte e fiel,
e te deu um coração generoso
no qual cabemos todos nós,
os homens e as mulheres.
Sonhas com uma humanidade
que seja a grande família
dos irmãos de teu Filho.
Maria, Mãe de todos,
mostra-nos hoje Jesus,
bendito fruto do teu ventre.

● Contamos

Um presente

Era um casal pobre. Ela tricotava na porta de sua cabana pensando no marido. Todos os que passavam eram atraídos pela beleza do seu cabelo preto, longo, como fios de linho brilhantes saídos de sua roca. Ele ia todo dia ao mercado, com algumas frutas. À sombra de uma árvore, ficava sentado esperando, apertando entre os dentes seu cachimbo vazio. O dinheiro nunca dava para comprar uma porçãozinha de tabaco.

Estava chegando o dia do aniversário de casamento e ela não parava de se perguntar o que poderia dar de presente para o marido. E, sobretudo, com que dinheiro. Uma ideia lhe veio à mente. Sentiu um calafrio ao pensar nisso; mas quando se decidiu, todo o seu corpo estremeceu de felicidade: iria vender seu cabelo para comprar tabaco para o marido. Já o imaginava na praça, sentado diante de suas frutas, dando largas baforadas em seu cachimbo. Com a venda do seu cabelo conseguiu obter apenas algumas moedas, mas escolheu com cuidado o mais fino estojo de tabaco.

No fim da tarde, seu marido voltou. Vinha cantando pelo caminho. Trazia nas mãos um pequeno pacote: eram alguns pentes para sua mulher, que ele acabara de comprar depois de vender seu velho cachimbo.

Os dois se amavam. Os dois haviam oferecido como presente o que tinham de melhor.

Crer que o Filho de Deus se fez homem é descobrir que o Pai nos deu de presente aquilo que ele tinha de melhor para nos fazer felizes: o próprio Filho.

● Contemplamos

O que vemos

Olhe a imagem com atenção. O que você vê? Concentre-se nas figuras centrais: um jovem e uma mulher, sua mãe. Ambos estão descalços. O rapaz apoia o braço esquerdo na mulher e olha para cima, estendendo seu outro braço naquela direção. A mulher toca o peito do seu filho. Sustenta-o e, ao mesmo tempo, sente toda a vida que pulsa em seu coração. Sorri satisfeita.

Ao fundo, na metade superior, percebe-se como que um redemoinho de cor branca e vermelha, provocado, ao que parece, por um pássaro rubro. À direita, há uma figura em segundo plano. À esquerda, um grupo de pessoas segue as pegadas do jovem.

O que descobrimos?

As figuras centrais podem ser Jesus e sua mãe Maria. Jesus ainda não é adulto. Apoiado em sua mãe, está crescendo por fora e por dentro.

Por sua vez, Maria o apresenta a todos os que querem segui-lo. Jesus marca o caminho para outros rapazes que, juntamente com ele, serão seus irmãos e filhos de Maria. Mas quem na realidade está movendo tudo é o Espírito Santo, representado pela pomba e pelas cores vermelha e branca.

Maria foi mãe por obra do Espírito, e Jesus ia crescendo em tudo pela ação do Espírito que agia nele.

A figura discreta que aparece em segundo plano é José, esposo de Maria, seu colaborador fiel na educação de Jesus.

Oremos

Senhor, olhando para esta imagem, quero te dizer...
- Quero estar cheio do Espírito, como Maria, como tu...
- Como tu, vou crescer apoiado em Maria...

E a ti, Maria, digo-te...
- Obrigado por ter-nos dado Jesus...

6 Padeceu sob Pôncio Pilatos, foi crucificado, morto e sepultado...

● Escutamos

✓ Certa ocasião Pedro resumiu deste modo a vida de Jesus:

Deus enviou sua palavra aos israelitas e lhes anunciou a Boa-Nova da paz, por meio de Jesus Cristo, que é o Senhor de todos. Refiro-me a Jesus de Nazaré, que foi ungido por Deus com o Espírito Santo e com poder. Por toda parte, ele andou fazendo o bem e curando a todos os que estavam dominados pelo diabo; pois Deus estava com ele. Ele, a quem vós matastes, suspenden-do-o no lenho da cruz. (At 10,36-39)

✓ E o próprio Jesus, referindo-se ao tipo de morte de que iria morrer, disse coisas como estas:

Se o grão de trigo que cai na terra não morre, fica só. Mas, se morre, produz muito fruto. (Jo 12,24)

Eis que estamos subindo para Jerusalém, e o Filho do Homem será entregue aos sumos sacerdotes e aos escribas. Eles o condenarão à morte e o entregarão aos pagãos para zombarem dele, açoitá-lo e crucificá-lo. (Mt 20,18-19)

● Cremos

Creio em ti, Jesus, que entregaste a tua vida ────

Creio, Jesus, que entregaste tua vida por nós.
Tudo o que fazias e dizias era bom.
Tu não desanimaste, embora a morte na cruz
parecesse o fracasso de toda a tua vida.
Preferiste morrer amando e perdoando.
Quando te vejo na cruz, digo para mim mesmo
que só tu és capaz de salvar o mundo.

● Louvamos

Confie em Deus, como Jesus

Às vezes, as pessoas em quem confiava acabam não correspondendo. E você não consegue mais acreditar nelas. Confie em Deus e dirija-se a ele, unindo-se aos perseguidos e a Jesus:

Senhor, meu Deus, em ti me refugio,
salva-me e livra-me de quem me persegue.
O meu escudo é Deus, ele salva os que têm o coração reto.
Darei graças ao Senhor por sua justiça
e cantarei salmos ao nome do Senhor Altíssimo. (Sl 7)

Meu Deus, foste tu que me fizeste sair do seio materno,
me fizeste descansar sobre o peito de minha mãe.
Quando nasci me acolheste,
desde o seio materno tu és o meu Deus.
Não fiques longe de mim,
pois o perigo está próximo e não há quem me ajude.
Louvarão o Senhor os que o procuram:
Viva para sempre o coração deles! (Sl 22[21])

Dirija-se a Deus, como Jesus

Se por vezes você está assustado, se não sabe o que lhe está acontecendo, se tudo lhe provoca medo, confie em Deus. Deus o ajudará a recuperar a paz. Dirija-se a ele, unindo-se a Jesus:

Minha prece, ó Deus, sobe a ti.
Atende-me conforme tua grande piedade,
pois tua piedade é benigna.
Não escondas de teu servo a tua face,
pois estou em perigo; depressa, atende-me!
A ignomínia oprime meu coração.
Vede, humildes, e alegrai-vos!
Vós que buscais a Deus, vosso coração reviva!
Que o louvem céu e terra. (Sl 69[68])

● Rezamos

O que é o amor?

Sempre pensei, Senhor,
que o amor era um sentimento agradável,
estar à vontade com alguém, viver em harmonia,
sentir o carinho das pessoas.
Mas quando te vejo na cruz
descubro que o amor, além disso, significa outras coisas.
Amar é também renunciar
aos próprios interesses pelo bem dos outros,
é partilhar o sofrimento dos que sofrem,
é viver o mal que outros me fazem
sem deixar que o ódio ou a vingança se apoderem de mim;
é usar a própria vida para dar vida aos outros.
Às vezes o amor dói.
Foi assim que tu me amaste, Jesus.
Podes dar-me de presente
um pouco desse amor?

As vítimas

Tu, Jesus, sofreste uma grande injustiça.
Hoje, quando observo o mundo pela televisão,
pelos jornais ou pelos livros,
continuo vendo muitas vítimas da injustiça,
da violência, de tantos egoísmos.
Da cruz tu és capaz
de sentir seus sofrimentos
e de ver o mundo com os olhos deles,
porque tu também és uma vítima.
Não deixa, Senhor,
que eu assista indiferente a este espetáculo.

● Contamos

As duas sementes

Com os primeiros ventos de outono, as sementes se preparavam para se desprender da árvore e deixar-se levar para algum lugar onde pudessem se tornar fecundas. Duas pequenas sementes partilhavam seus projetos futuros:

— Vou me instalar num lugar limpo, nobre e rico. Odeio o cheiro de terra adubada. Detesto a sujeira e a lama, com seus respingos – disse a primeira, enquanto partia levada pelo vento.

Sem que lhe fosse dado tempo para responder, a segunda semente deixou-se embalar por uma rajada mais suave, vindo a cair num terreno úmido e cheio de dejetos. Nada mais fez do que se encolher no morno amparo de uma fenda. Em pouco tempo começou a sentir a ebulição prometedora de uma nova vida em seu interior, e esperou o futuro com expectativa.

A primeira semente, enquanto isso, havia acabado sua travessia. Escolheu para cair o telhado de ardósia de um palácio. Rodopiou e foi parar na brilhante escadaria de mármore que dava acesso ao edifício. Muito satisfeita com sua sorte, alojou-se num pequeno vão do mármore reluzente. Logo se deu conta de que o frio mármore acabaria sendo um triste mausoléu de morte no qual ela secaria sem dar nenhum fruto.

Cremos que Jesus é como uma semente que não se importou em cair no "lixo" do mundo, ali morrendo para dar vida.

● Contemplamos

O que vemos

Concentre-se em todos os detalhes da imagem. O que você vê?

Observe a parte debaixo: correntes, arame farpado, bombas, destruição, moedas e cédulas, um corvo ameaçador... Que sensação essas imagens produzem em você?

Em meio a tudo isso, uma pessoa, com a mão direita, pousa a mão sobre o peito.

Na parte superior da imagem, uma cruz luminosa com uma pomba, símbolo do Espírito de Deus.

Entre as duas partes, uma figura que leva em seu corpo as marcas do sofrimento, que olha e levanta a pessoa que está debaixo dela e que está apontando para o alto...

O que mais chama sua atenção?

O que descobrimos?

A cruz de Jesus é símbolo de sofrimento, mas também de triunfo.

Tudo aquilo que faz as pessoas sofrerem (egoísmo, violência, injustiças, abuso de poder...) nós o vemos na sociedade e tem sua origem no coração de cada um.

Jesus anunciou um mundo novo com pessoas novas. Por isso foi rechaçado e perseguido, e morreu na cruz vítima daquilo contra o que lutou.

Contudo, dando sua vida até o fim, fez com que o amor triunfasse. A partir daí, é o salvador do mundo que, pela força do Espírito de Deus, tira as pessoas do domínio do mal e abre um caminho de luz.

Oremos

Senhor, olhando-te nesta imagem, eu te digo...

- Obrigado por nos amar tanto a ponto de dar tua vida por nós...
- Muda meu coração e ensina-me a amar...
- Tira-nos dos infernos que às vezes criamos para nós mesmos, em nosso mundo...
- Creio em ti, salvador do mundo...

7 Ressuscitou ao terceiro dia, subiu...

● Escutamos

✓ Jesus, antes de morrer, havia anunciado aos seus amigos:
Não vos deixarei órfãos: eu voltarei a vós. (Jo 14,18)

✓ Quando um grupo de amigas de Jesus foi ao sepulcro onde ele havia sido enterrado, receberam esta mensagem:
Por que estais procurando entre os mortos aquele que está vivo? Não está aqui. Ressuscitou! (Lc 24,5-6)

✓ Os discípulos de Jesus se encheram de alegria quando o encontraram vivo no meio deles. Por isso Pedro disse:
Aquele que conduz à vida, vós o matastes, mas Deus o ressuscitou dos mortos, e disto nós somos testemunhas. (At 3,15)

● Cremos

Creio, Jesus, que estás vivo ─────────────

Creio, Jesus Cristo ressuscitado,
que tu estás vivo no meio de nós.
Como teus amigos naqueles dias de Páscoa,
também eu fico cheio de alegria.
Tua morte não foi o fim;
o ódio que te matou não é a última palavra.
Creio, Jesus, que o amor do Pai que te ressuscitou
é a maior força do universo,
maior do que todos os poderes do mundo,
maior, inclusive, do que a morte.
Nada pode nos separar deste amor,
nada pode nos separar de ti.
Com todos os cristãos, eu grito:
"Aleluia! Jesus vive para sempre!".

● Louvamos

Louve ao Senhor com alegria ─────────

Louve a Deus, que ressuscitou Jesus libertando-o da morte. Louve-o porque nele todos ressuscitaremos:

Cantai ao Senhor um cântico novo,
pois ele fez maravilhas.
Deu-lhe vitória sua mão direita e seu braço santo.
O Senhor manifestou sua vitória,
aos olhos dos povos revelou sua justiça.
Lembrou do seu amor e da sua fidelidade à casa de Israel.
Todos os confins da terra puderam ver
a vitória do nosso Deus.
Aclamai ao Senhor, terra inteira,
gritai e exultai cantando hinos. (Sl 98[97])

Louve sempre ao Senhor ─────────

Louve sempre ao Senhor: nos bons e nos maus momentos. Porque no final sempre chegará a luz. Que sua vida seja sempre louvor e ação de graças:

Aleluia!
Louva ao Senhor, minh'alma,
enquanto viver, cantarei hinos a meu Deus.
Não confies nos poderosos,
em seres humanos que não podem salvar.
Feliz, pelo contrário, de quem espera no Senhor, seu Deus.
Ele faz justiça aos oprimidos,
liberta os prisioneiros,
levanta quem caiu,
ama os justos.
O Senhor reina para sempre.
Aleluia! (Sl 146[145])

● Rezamos

Tu nos salvaste

Se tu não tivesses ressuscitado, Jesus,
iríamos pensar que o amor não serve para nada,
e que tudo acaba com a morte.
Sem tua ressurreição
continuaríamos sujeitos às forças do mal
que ninguém teria sido capaz de vencer.
Com tua ressurreição nos salvaste, Senhor,
e nos abriste uma porta
para um mundo de cor, de vida e de esperança.
Um mundo sem fim.
Tua ressurreição, Jesus,
é como uma primavera para os corações,
uma brisa fresca em meio ao ar sufocante,
uma luz em meio à escuridão.
Glória e louvor a ti, Senhor da Vida!

Que todos saibam

Que todos saibam
que estás vivo.
Que meu rosto esteja cheio de alegria,
que minhas palavras sejam de ânimo e de esperança,
que minhas mãos acariciem com misericórdia,
que meus pés caminhem em busca de amigos,
e que em meu coração estejas sempre tu
me movendo em meu íntimo.
Quero ser um mensageiro de tua ressurreição.
Que todos saibam, Jesus!

● Contamos

O presente da esperança

Havia certa vez uma tribo indígena, acampada no pé de uma montanha. E o cacique já estava muito doente. Chamou seus três filhos e lhes disse:

— Eu vou morrer, e um de vocês deverá suceder-me. Quero que subam à montanha santa e me tragam um belo presente. Aquele que me trouxer o melhor presente será o novo cacique.

Depois de alguns dias, os filhos voltaram.

O primeiro trouxe uma flor rara e extraordinariamente bela.

O segundo veio com uma pedra cheia de formosas cores, suave, polida pelo vento.

E o terceiro disse ao seu pai:

— Eu não trouxe nada. Estando lá no alto da montanha pude ver que do outro lado há prados maravilhosos, cheios de erva verde. Vi também um lago cristalino. Tive a visão de onde poderia ir a nossa tribo para vivermos mais felizes. Fiquei tão impressionado com o que vi, que não consegui trazer nada.

O cacique ancião respondeu:

— Você será o cacique, porque nos trouxe como presente a visão de um mundo melhor. Você dará ao povo a esperança e o levará a caminhar.

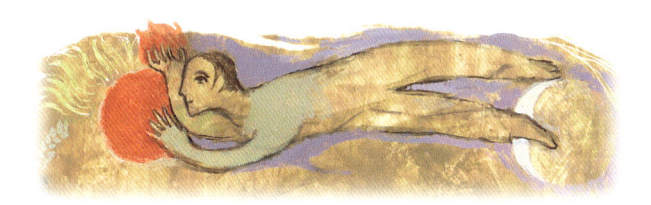

Nós, que cremos em Jesus Cristo ressuscitado, recebemos como presente a esperança e, seguindo-o, sabemos para onde vamos.

● Contemplamos

O que vemos

Olhe para a imagem. O que você vê primeiro?

Na parte central encontra-se a figura de Jesus. Ele está vestido de branco. E com luz, também branca, ao redor de sua cabeça. Seu rosto é o centro de tudo.

O que chama sua atenção nesta representação de Jesus?

Note-se que ele está vivo e, ao mesmo tempo, com as feridas dos cravos nas mãos e nos pés.

Ao seu redor, as cores e as formas (animais, plantas...) representam vida abundante.

Na parte superior da imagem estão o sol e a lua, que simbolizam o dia e a noite, a luz e a escuridão. E entre os dois, uma figura humana que voa da noite para o dia com uma chama na mão.

O que mais chama sua atenção?

O que descobrimos?

Jesus Cristo ressuscitado. Ele morreu na cruz, mas está vivo. Em seu rosto nota-se que ele sofreu, mas, ao mesmo tempo, que está feliz e sereno. Apresenta-se diante de nós, mostra-nos suas feridas, o sinal do muito que nos amou.

Descobrimos que a ressurreição de Jesus dá vida e alegra o mundo inteiro. É como uma explosão de vida, uma grande primavera.

Crendo em Jesus ressuscitado, todas as pessoas podem passar da noite para o dia, da escuridão para a luz, da tristeza para a alegria. Amanhece um dia novo e maravilhoso!

Oremos

Jesus ressuscitado, olhando esta imagem, quero te dizer...

- Alegro-me por tua ressurreição! Aleluia!...
- Obrigado, porque em ti a vida triunfou sobre a morte...
- Que o mundo inteiro se transforme pela força do amor...

8 Donde há de vir a julgar os vivos e os mortos

● Escutamos

✓ Certa ocasião, para falar do final dos tempos, Jesus contou uma parábola na qual dizia:

O Filho do Homem se assentará em seu trono glorioso. Todas as nações da terra serão reunidas diante dele, e ele separará uns dos outros. Dirá aos da sua direita: "Vinde, benditos de meu Pai! Pois eu estava com fome, e me destes de comer; estava com sede, e me destes de beber; eu era forasteiro, e me recebestes em casa; estava nu e me vestistes; doente, e cuidastes de mim; na prisão, e fostes visitar-me". (Mt 25,31-46)

✓ A Nicodemos, um homem importante que certa noite foi falar com ele, Jesus fez a seguinte declaração:

Deus enviou o seu Filho ao mundo, não para condenar o mundo, mas para que o mundo seja salvo por ele. (Jo 3,17)

● Cremos

Creio que me encontrarei contigo

Creio, Jesus, que no final da minha vida
me encontrarei contigo. Neste momento
eu te darei minha vida inteira de presente,
com suas coisas boas e menos boas.
Uma vida da qual eu serei responsável.
Tudo o que nela for amor, tu o receberás.
Aquilo que vês que não é amor, o purificarás,
o reconstruirás com tuas mãos misericordiosas.
E assim aparecerá meu verdadeiro rosto.

● Louvamos

Confie em Deus, que nos dá vida

Agarra-se com força a esta vida. É a única que você conhece. Mas a Vida é mais do que esta vida. Você anseia pela vida eterna. Desperte sua esperança. Confie em Deus:

O Senhor é minha luz e minha salvação;
de quem terei medo?
Meu coração se lembra de ti: "Buscai minha face".
Tua face, Senhor, eu busco.
Mostra-me, Senhor, o teu caminho,
guia-me na senda reta.
Tenho certeza de que vou contemplar
a bondade do Senhor na terra dos vivos.
Espera no Senhor, sê forte,
firme-se teu coração
e espera no Senhor. (Sl 27[26])

Confie em Deus, como Jesus

Deus quer que nos salvemos. Ele nos dá vida para sempre. Confie nele, que nos salva:

Grandes e admiráveis são as tuas obras,
Senhor Deus, todo-poderoso!
Justos e verdadeiros são os teus caminhos,
ó Rei das nações!
Só tu és santo!
Todas as nações virão prostrar-se diante de ti,
porque tuas justas decisões
se tornaram manifestas. (Ap 15,3-4)

O melhor juiz

Olha, Jesus, às vezes me sinto julgado.
Vejo os olhares de algumas pessoas,
ouço seus comentários,
e sei que estão me examinando
para ver se lhes agrado ou não,
ou para me criticar quando faço algo malfeito.
Eu também julgo a mim mesmo,
porque há algumas coisas em mim
que nem eu mesmo gosto.
Tenho a impressão de que estes juízos
acabam sempre me condenando.
Por isso, alegra-me ouvir tuas palavras:
"Não vim para te condenar, mas para te salvar".
É como se dissesses: "Te amo como és.
Não gosto de ti porque és perfeito e bom.
É o meu amor que vai te tornar melhor a cada dia".
Por isso fico feliz que tu sejas o meu juiz.

Questão de abraços

No final estarás nos esperando, Senhor, para abraçar-nos.
Entretanto, não queres que esperemos o final para desfrutarmos
do teu abraço, mas que comecemos agora a prová-lo.
Tu nos dizes: "Abraça o enfermo, o faminto, o preso,
o estrangeiro... O que fizeres a eles, o farás a mim".
Dessa forma, nosso coração vai treinando
nesse exercício de amar
e desfruta cada vez mais com ele,
como quem está aprendendo
a tocar um instrumento.
Não deixes, Senhor,
que meu coração se atrofie.

● Contamos

O lugar errado

Ele era um homem trabalhador e muito ocupado. De manhã à noite, seu dia era cheio de atividades. Algumas vezes, quando se sentia muito estressado, costumava relaxar subindo uma montanha que ficava perto de onde ele morava. Lá recobrava a paz, sentia-se à vontade e até algumas vezes rezava. Certo dia, em meio à estafa da manhã, ouviu claramente a voz de Deus que lhe dizia:

— Hoje quero me encontrar contigo antes de o sol se pôr.

O homem ficou totalmente desconcertado: o que Deus poderia estar querendo dele? Onde seria o lugar? Como iria reorganizar toda a sua agenda para abrir um espaço para Deus?

Depois de muito pensar, chegou à conclusão de que o lugar do encontro seria o cume da montanha à qual ele subia de vez em quando: lá haveria paz e ele estaria mais perto do céu.

Calculando bem o tempo, e depois de ter redistribuído seus compromissos, pôs-se a caminho para subir a montanha.

Quando chegou à metade da subida, teve a má sorte de se deparar com alguns agricultores que estavam tentando apagar um incêndio. Eles lhe pediram que os ajudasse, mas ele não podia perder seu escasso tempo, já perfeitamente calculado. Além disso, o incêndio o obrigaria a fazer um desvio que não estava previsto no seu itinerário. Apertando o passo e fazendo um grande esforço, conseguiu chegar lá em cima, quando o sol estava se pondo no horizonte. Mas Deus não aparecia em parte nenhuma.

Por fim, depois de dar voltas pelo lugar, descobriu uma mensagem escrita sobre uma rocha: "Sinto muito, estou ajudando os agricultores a apagar o fogo".

No caminho da vida, Deus nos chama lá onde alguém precisa de nós. E a única pergunta será: você amou?

● Contemplamos

O que vemos

Olhe para a imagem. O que você vê? Duas pessoas se abraçam. Que sentimentos expressam seus rostos e gestos?

O homem, em destaque, nós o identificamos com Jesus ressuscitado, pelas feridas nas mãos. Seu braço direito envolve com ternura uma jovem. E sua mão esquerda aponta uma jarra que, mesmo quebrada, aparece intacta em sua sombra.

A cabeça e os ombros de ambos estão evidenciados pelas cores lilás e vermelha, que simbolizam, respectivamente, espiritualidade e amor.

A mulher da figura apoia o rosto e a mão direita sobre o peito de Jesus. Supomos que seu braço esquerdo esteja abraçando-o.

Que outros elementos da imagem chamam sua atenção?

O que descobrimos?

O abraço de Jesus nos espera sempre para além da morte. É um abraço cheio de ternura.

A jarra da parte inferior direita representa a vida da pessoa que se encontra com Jesus. Não é uma vida perfeita: tem falhas, está parcialmente quebrada.

Jesus sabe muito bem como somos, o que há de bom e de não tão bom em nossa vida. Por isso, dizemos que ele é juiz. No entanto, não julga para condenar, mas para salvar. Sendo assim, com seu amor ele conserta a jarra e lhe dá a forma que deveria ter.

O encontro com Jesus nos transformará, nos dará um coração novo, no qual haverá somente amor.

Oremos

Jesus, olhando para esta imagem, quero te dizer...
* Obrigado porque, além da morte, tu estás...
* Obrigado porque me esperas para me abraçar e para me dar um coração novo...
* Ajuda-me a desejar e a preparar este encontro contigo...

Uma proposta de oração

Nesta oficina, propomos que você reze sentindo-se unido a outras pessoas.

Nos capítulos anteriores, você rezou unido a Jesus. Lembrou sua vida, seu nascimento de Maria, o que ele fazia em favor dos pobres, dos pecadores, e o que pregava. Sobretudo, viveu junto com ele sua morte e sua ressurreição.

Jesus disse que, os que quisessem ser seus amigos, deviam ser amigos também de todos aqueles os quais ele amava: todas as pessoas e, de maneira especial, os mais necessitados. Ele mesmo disse a seus discípulos: "Tudo o que fizerdes a um destes meus irmãos mais necessitados, estareis fazendo-o a mim".

Aqui lhe propomos alguns instantes de oração com os irmãos de Jesus, seus próprios irmãos. Para isso, siga os passos indicados.

1. Reúna algumas fotos

✓ Você vai precisar de algumas fotos.

- Procure, em primeiro lugar, a de pessoas próximas a você: de sua família, de amigos e amigas, de adultos da escola ou da paróquia com os quais se relaciona... Quanto mais fotos conseguir, melhor, mas não precisa exagerar na busca.

- Depois, busque fotos de pessoas que estão distantes de você, com as quais não tenha contato, mas que sabe que existem e podem estar vivendo algum tipo de necessidade. Se não encontrar fotos, são suficientes algumas notícias que falem de pessoas determinadas. Algumas serão conhecidas, outras, anônimas.

✓ Quando tiver as fotos, espalhe-as sobre a mesa ou coloque-as num mural, dispondo-as em dois grupos: as pessoas próximas e as distantes.

2. Reze com as pessoas próximas

✓ Passe os olhos sobre as pessoas próximas, com atenção.

✓ Pare em cada uma delas.

- Pense em seu nome. Recorde sua forma de falar, seu tom de voz, seus gestos mais repetidos, suas qualidades, o que faz bem...
- Pense nas coisas de que essa pessoa gosta, naquilo que normalmente a torna feliz...
- Procure responder a estas perguntas: o que eu tenho de agradecer a esta pessoa? O que eu creio que esta pessoa precisa para ser feliz? O que eu poderia fazer por ela?

✓ Depois de ter passado por todas as pessoas das fotos, monte uma lista com seus nomes.

- Junto a cada nome, escreva duas palavras: uma expressando algo de bom desta pessoa, alguma qualidade ou algo que ela fez por você.
- Na outra, registre algo que queira fazer por ela: agradecer-lhe, ajudá-la em alguma necessidade...

Nome	Algo de bom	O que quero fazer

✓ Agora, reze a Jesus com essa lista. Lembre que:

- Todas estas pessoas são irmãos para Jesus.
- Jesus está próximo daqueles que mais necessitam dele a todo momento.
- Jesus o colocou ao lado destas pessoas e espera que você faça a mesma coisa que ele teria feito.
- Conte sempre com a força de Jesus.

✓ Fale a Jesus com toda confiança.

3. Reze com os que estão longe

✓ Concentre-se agora no grupo de pessoas que estão distantes.

- Dedique uns instantes a cada pessoa ou notícia:
  - Que dificuldade, problema ou sofrimento as fez aparecer na imprensa?
  - O que você sabe sobre essa situação ou problema? Por que ocorreu isso? Que consequências teve?
- Pense em todas as pessoas que podem encontrar-se nesta mesma situação. Embora não saiba seus nomes, não são pessoas anônimas. Elas têm rosto e nome.

✓ Procure colocar-se na pele de quem está passando por aquela situação:

- Que sentimentos experimenta?
- Do que mais está precisando?
- De onde tira forças para enfrentar essa situação?

✓ Reze a Jesus em nome destas pessoas, como se fosse uma delas, pondo sua palavra e sua oração a serviço delas. Lembre-se de que:

- Os preferidos de Jesus são as vítimas deste mundo, os últimos, os que não contam.
- Jesus disse de si mesmo: "O Senhor me enviou a anunciar a Boa-Notícia aos pobres". E por isso, em sua vida, ele se aproximou de tantos doentes, pobres e marginalizados, oferecendo-lhes a salvação.
- Jesus anunciou um mundo novo, no qual as pessoas não sofreriam; só que este mundo não vai chegar sem a nossa colaboração.

✓ Fale a Jesus em nome dos seus irmãos distantes.

4. Escreva suas orações

✓ Depois de tudo isso, você pode escrever algumas frases dirigidas a Jesus, o Filho de Deus.

✓ Para ajudar, apresentamos alguns modos diferentes de começar essas frases:

- Jesus, disseste... _____

    Por isso eu te digo... _____

    _____

    _____

- Hoje vi muitos rostos, Jesus...

    _____

    _____

- Jesus, pensando em... _____

    quero te dizer... _____

    _____

    _____

- Jesus, pondo-me no lugar de... _____

    _____

    e falando em seu nome, te digo... _____

    _____

    _____

- Jesus, hoje quero comprometer-me a...

    _____

    _____

9 Creio no Espírito Santo

● Escutamos

✓ Pouco antes de morrer, Jesus disse aos seus amigos:
Eu pedirei ao Pai, e ele vos dará um outro Conselheiro, que ficará para sempre convosco: o Espírito da Verdade. Ele vos ensinará tudo e recordará tudo o que eu vos tenho dito. (Jo 14,16-17.26)

✓ Depois da ressurreição de Jesus, seus amigos receberam o dom do Espírito Santo. O Novo Testamento nos conta isso utilizando as imagens do vento e do fogo:
Quando chegou o dia de Pentecostes, os discípulos estavam todos reunidos no mesmo lugar. De repente, veio do céu um ruído como de um vento forte, que encheu toda a casa em que se encontravam. Então apareceram línguas como de fogo que se repartiram e pousaram sobre cada um deles. Todos ficaram cheios do Espírito Santo. (At 2,1-4)

● Cremos

Creio em ti, Espírito Santo

Creio em ti, Espírito Santo.
Tu és o Espírito que movia Jesus.
Tu eras sua força, sua sabedoria, seu amor.
Eu creio que tu estás também dentro de mim
desde o dia em que fui batizado.
Tu me moves por dentro, quando sinto que meu coração
se enche de paz, de alegria e de amor.
Tu, Espírito Santo, moves todos nós, os cristãos do mundo,
para que continuemos a obra que Jesus começou.
Tu estás nas pessoas que fazem o bem.
Creio que sem ti ninguém seria capaz de amar.
Espírito Santo de Deus, tu és o grande presente de Jesus.

● Louvamos

Louve a Deus, que pôs seu Espírito em você

Sentir que o Espírito está em nós torna-nos fortes internamente. Este é um bom motivo para dar graças a Deus:

Meu coração está pronto, ó Deus.
Quero cantar, a ti quero louvar.
Eu te louvarei entre os povos, Senhor,
porque tua bondade é grande até o céu,
e tua fidelidade, até as nuvens. (Sl 57[56])

Peça a Deus o dom do seu Espírito

Às vezes não prestamos atenção à presença do Espírito em nós e temos a impressão de que não o sentimos mais. Aí surgem a tristeza e a falta de amor. Este é o momento de nos dirigirmos a Deus:

Cria em mim, ó Deus, um coração puro,
renova em mim um espírito resoluto.
Não me rejeites da tua presença
e não me prives do teu santo espírito.
Devolve-me a alegria de ser salvo,
que me sustente um ânimo generoso. (Sl 51[50])

Dê graças a Deus pelas obras de seu Espírito

Desde a criação até hoje, o Espírito de Deus fez muitas obras maravilhosas e continua realizando-as. A humanidade experimentou que a misericórdia do Senhor é eterna:

Louvai ao Senhor, porque ele é bom:
pois eterno é seu amor.
Só ele fez grandes maravilhas:
pois eterno é seu amor.
Louvai a Deus do céu:
pois eterno é seu amor. (Sl 136[135])

● Rezemos

Sopra forte, Senhor

Senhor,
na Bíblia li que teu Espírito é como o vento.
Algumas vezes tenho visto um barco veleiro correr pelo mar
com as velas infladas pela força do vento.
É assim que eu gostaria de ser: alguém que segue rapidamente,
impulsionado pela força do teu Espírito.
Não deixes de soprar forte em minha vida
com o ar da alegria e da generosidade.
Que as minhas velas não se desinflem. Que eu não pare.
Minha vida pode ser uma aventura apaixonante.
Hei de chegar a muitos portos,
hei de fazer uma montanha de coisas lindas,
aguardam-me muitas pessoas às quais amar.
Sopra, sopra forte, Senhor.

O mundo precisa de ti

Vem, Espírito Santo, o mundo precisa de ti.
Põe amor nos corações endurecidos,
dá alegria aos tristes,
coragem aos covardes,
força aos fracos,
paz aos violentos.
Vem, Espírito Santo.
Que este nosso mundo
seja o reino de justiça e de paz que todos desejamos.
Começa a grande revolução,
a revolução do amor.

● Contamos

Olhar para dentro

Uma caravana de ciganos parou junto ao poço de uma fazenda. Um menininho saiu para o pátio e os contemplava com os olhos arregalados, que mais pareciam pratos. Um dos ciganos o deixava particularmente fascinado. Era enorme, tinha tirado um balde de água do poço e estava bebendo ansiosamente. Um fio de água lhe escorria pela barba ruiva, e com suas mãos gigantescas ele levantava o balde como se fosse um copo ou uma taça.

Quando acabou, limpou os lábios e o rosto. Depois se inclinou sobre a beira do poço e ficou alguns instantes olhando para o fundo. Cheio de curiosidade, o menino aproximou-se devagar e se levantou sobre a ponta dos pés, tentando ver por cima da beirada do poço o que o cigano estava olhando. Este percebeu a presença do menino e, sorrindo, o levantou com seus braços.

— Sabe o que há lá embaixo? — perguntou-lhe.

O menino balançou a cabeça negativamente.

— É Deus – disse-lhe. — Olha!

E mantendo o menino sobre o poço, indicava-lhe o fundo com o dedo.

Lá embaixo, no espelho da água calma, o menino viu refletida a própria imagem.

— Mas aquele sou eu!

— Ah! – exclamou o cigano, colocando-o suavemente no chão.

— Agora já sabe onde Deus está.

Deus está muito perto de nós. Está dentro de cada um de nós, porque somos cheios do seu Espírito.

● Contemplamos

O que vemos

Olhe para a imagem atentamente. Observe todos os detalhes. O que você vê?

Há figuras em movimento, que parecem estar dançando. Carregam chamas e luzes nas mãos e também no coração. Percebe-se que o vento perpassa a cena.

Ao fundo, embaixo, vê-se a paisagem de uma cidade.

O que você diria que estes personagens sentem?

Que sentimentos expressa o conjunto da imagem?

Que outros elementos da imagem chamam sua atenção?

O que descobrimos?

Certo dia, os primeiros cristãos sentiram que o Espírito de Jesus os envolvia, os tomava e os iluminava. Disseram que era como um vento forte, ou como chamas de fogo. Eles se consideraram pessoas novas e se lançaram pelas ruas para anunciar Jesus ressuscitado. Era o dia de Pentecostes.

Nós descobrimos que isso não é só algo do passado. O Espírito de Deus continua preenchendo e movendo muitas pessoas.

As figuras da imagem podem representar nós mesmos, que levamos a luz de Jesus, que dançamos de alegria e que transmitimos a todos este presente que recebemos.

Oremos

Espírito Santo, olhando para esta imagem, quero te dizer...

- Obrigado por encheres minha vida de luz e de alegria...
- Louvo-te, canto e danço, porque estás em mim...
- Que todas as pessoas possam desfrutar de ti...
- Move o mundo inteiro com tua força...

10 Creio na santa Igreja Católica

● Escutamos

✓ Depois de sua ressurreição, Jesus enviou os seus discípulos a todo o mundo para anunciar o Evangelho. Além disso, prometeu-lhes que sempre estaria com eles. Disse-lhes:

Ide, pois, fazer discípulos entre todas as nações, e batizai-os em nome do Pai, do Filho e do Espírito Santo. Ensinai-lhes a observar tudo o que vos tenho ordenado. Eis que estou convosco todos os dias, até o fim dos tempos. (Mt 28,19-20)

✓ Depois de Pentecostes, os seguidores de Jesus começaram a formar comunidades:

Eles eram perseverantes em ouvir o ensinamento dos apóstolos, na comunhão fraterna, na fração do pão e nas orações. Todos os que abraçavam a fé viviam unidos e possuíam tudo em comum. (At 2,42.44)

● Cremos

Formamos uma grande família

Creio, Senhor, que todos os cristãos
formamos a grande família da Igreja.
Creio que o teu Espírito nos une. Por isso tu estás
no meio de nós. Vemos isso quando nos amamos,
quando nos ajudamos e quando rezamos juntos.
Mas, sobretudo, te descobrimos entre nós,
quando nos reunimos para celebrar a Eucaristia.
Creio, Senhor, que por meio da Igreja
o teu Evangelho e o teu amor chegam a todos os lugares
e a todos os tempos.

● Louvamos

Louve ao Senhor por ser membro da Igreja ————

A Igreja é como um grande povo, o Povo de Deus. Ser membro da Igreja é um dom. Dê sempre graças a Deus por isso:

Vinde, exultemos no Senhor,
vamos a ele com ações de graças.
Pois o Senhor é o nosso Deus,
e nós o seu Povo,
o rebanho que ele conduz. (Sl 95[94])

Louve ao Senhor pelo amor que une os cristãos ————

Dentro da Igreja todos somos irmãos. Por isso, podemos rezar com estas palavras:

Oh! Como é bom, como é agradável,
os irmãos morarem juntos!
Pois é lá que o Senhor dá a bênção
e a vida para sempre. (Sl 133[132])

● Rezamos

Que bom que somos todos diferentes!

Na Igreja, Senhor, somos muitos, e muito diferentes uns dos outros!
Somos pessoas de todas as idades,
de todos os continentes, de todas as culturas.
Além disso, nem todos temos a mesma vida,
nem fazemos a mesma coisa.
Uns são pais e mães que educam os seus filhos.
Outros, sacerdotes que anunciam a tua Palavra
e celebram os sacramentos.
Há religiosos e religiosas que formam comunidades
para viver como tu viveste na terra.
Muitas pessoas trabalham como catequistas
para transmitir a fé. Outras se dedicam
a servir os pobres ou a lutar por um mundo melhor.
Obrigado, Senhor, por tanta variedade e tanta riqueza.
Que nunca faltem pessoas dispostas
a entregar sua vida de alguma dessas formas.
Que tua Igreja seja uma Igreja viva.

Uma Igreja melhor

Tua Igreja, Senhor, é algo de grandioso. Entretanto, sabemos
que deveria ser ainda muito melhor.
Perdoa nossas faltas.
Nós cristãos, teus seguidores, continuamos divididos
em diferentes igrejas e em grupos distintos,
sem conseguirmos chegar à unidade total. Alguns somos católicos,
outros ortodoxos, anglicanos ou protestantes.
Às vezes não vivemos como verdadeiros amigos teus,
nem amamos as pessoas como tu as amas.
E assim muitas pessoas não chegam a te conhecer.
Que teu Espírito, Senhor,
vá nos renovando a cada dia
para sermos a Igreja que tu queres.

● Contamos

Ao redor do fogo

Um velho missionário estava indo para o povoado, dirigindo sua caminhonete. Caía a tarde e fazia frio. Ia pensando em como falaria à sua comunidade cristã naquele dia, no momento da catequese. E teve uma boa ideia. Quando chegou ao povoado, já de noite, não foi para o local onde costumavam fazer as reuniões, nem tocou os sinos da igreja para anunciar sua chegada. Aos que ia encontrando pela estrada pedia que trouxessem um pouco de lenha para a praça da vila.

Ele mesmo foi procurar atrás da igreja e conseguiu algumas madeiras velhas, amontoando-as na praça. A seguir pôs fogo naquilo que ele havia juntado e logo começou a se formar uma linda fogueira. Os que traziam lenha a jogavam em cima, e a fogueira ia se tornando cada vez maior.

Logo a notícia de que na praça havia uma fogueira foi se espalhando pelas casas e muitas pessoas foram chegando, até se formar um grande grupo ao redor do fogo.

Depois de algum tempo, uma pessoa aproximou-se do missionário e perguntou-lhe:

— Perdoe-me, mas o senhor pode nos dizer por que acendemos este fogo?

— O fogo nos atraiu e nos convocou aqui ao seu redor; ele foi feito com a colaboração de todos, nos dá calor em meio à noite fria, nos convida a ficar juntos e a conviver, nos permite encontrar a paz, contemplando-o em silêncio. Quando voltarmos para as nossas ruas e para as nossas casas, levaremos algo de sua alegria e de sua força em nosso coração. Pois assim é a Igreja.

> *A Igreja, e cada uma das comunidades cristãs espalhadas pelo mundo, é como uma fogueira na qual arde o fogo do Espírito de Jesus.*

● Contemplamos

O que vemos

Olhe para a imagem atentamente. Observe todos os detalhes. O que você vê?

Em primeiro plano, há uma criança com uma pomba na mão. É o símbolo do Espírito de Jesus.

Há outras pessoas de diferentes raças e partes do mundo.

A maioria está de mãos dadas e alegre. Esta corrente humana ocupa quase toda a paisagem.

E na parte superior da imagem, colocados sobre a paisagem, dois grandes objetos. O que acha que eles representam?

Na parte inferior esquerda há uma semente enterrada.

O que mais chama sua atenção?

O que descobrimos?

Vemos a Igreja espalhada pelo mundo e formada por pessoas de todos os continentes. Apesar de serem distintas, estão unidas compondo uma só família.

Seu tesouro é o Espírito, e seu centro, a Eucaristia; a mesa na qual partilham o Corpo e o Sangue de Jesus.

É uma Igreja viva e alegre, que comunica a todos o que vive.

Mas nada mais é do que uma pequena semente lançada no mundo. Passa quase despercebida, e quase sem se dar conta, vai produzindo fruto. É o germe do Reino de Deus na terra.

Oremos

Senhor Jesus, olhando para esta imagem, quero te dizer...

- Sinto-me cheio de alegria por fazer parte da tua Igreja...
- Obrigado pela Eucaristia, que une a todos nós e nos dá força para viver...
- Venha a nós o teu Reino...

11 Creio na comunhão dos santos

● Escutamos

✓ Numa carta aos cristãos de Corinto (Grécia), São Paulo lhes dizia que a Igreja era como um corpo no qual todos estamos unidos, porque temos o mesmo Espírito de Jesus:

Todos nós fomos batizados num só Espírito, para formarmos um só corpo. Com efeito, o corpo não é feito de um membro apenas, mas de muitos membros. De fato, há muitos membros e, no entanto, um só corpo. O olho não pode dizer à mão: "Não preciso de ti", nem a cabeça dizer aos pés: "Não preciso de vós. Vós todos sois o corpo de Cristo e, individualmente, sois membros desse corpo". (1Cor 12)

✓ São Pedro, numa de suas cartas, convidava os cristãos a imitar Deus, que é santo e bom:

Antes, como é santo aquele que vos chamou, tornai-vos santos, também vós, em todo o vosso proceder. Pois está na Escritura: "Sereis santos porque eu sou santo". (1Pd 1,15-16)

● Cremos

Todos unidos

Creio, Jesus, que tu és santo
porque estás cheio do Espírito de Deus.
Em teu coração tudo é bonito e bom.
Creio, Jesus, que desde o meu batismo
também eu sou santo, porque estou unido a ti.
Na realidade, todos os batizados podemos nos chamar santos,
que não significa "perfeito", mas "cheio do Espírito de Deus".
Creio, Senhor, que, embora em mim ainda
nem tudo seja bom e bonito, faço parte
de uma grande comunidade, a comunidade dos santos.

● Louvamos

Confie em Deus porque ele é santo

Se lembrarmos tudo o que Deus fez por nós, entenderemos realmente o que é a santidade e brotará espontaneamente o nosso louvor por ele:

Cantai hinos ao Senhor, ó seus fiéis,
rendei graças ao seu santo nome;
Meu coração cante sem cessar.
Senhor, meu Deus, eu te louvarei
para sempre. (Sl 30[29])

Alegre-se pela felicidade que Deus dá

Os que procuram parecer-se com Deus, os que têm um coração reto, encontram a luz e a alegria:

Surge uma luz para o justo
e a alegria para os retos de coração.
Alegrai-vos, justos, no Senhor,
celebrai sua santa memória. (Sl 97[96])

Louve a Deus pelos que creram em todas as épocas

Nós somos o elo de uma grande corrente de santos que percorre toda a história.

Em ti, Senhor, confiaram nossos antepassados,
confiaram e tu os libertaste;
Quanto a mim, para ele viverei,
a ele servirá a minha descendência.
Do Senhor se falará à geração
futura. (Sl 22[21])

● Rezamos

Um amor sem fronteiras!

Muitas coisas dividem as pessoas, Senhor.
As culturas nos dividem, os bens, as raças,
também as distâncias e os preconceitos.
O tempo e a morte nos dividem.
Mas a comunidade dos batizados não tem fronteiras.
Bendito és tu, Senhor,
porque teu amor derruba todas as barreiras,
porque teu Espírito constrói pontes
além de toda divisão,
além, inclusive, da morte.
Obrigado, Senhor, porque nesta grande comunidade
todos temos algo a dar e a receber,
e assim experimentamos
o autêntico amor sem fronteiras.

Eu também quero retribuir

Quantas coisas eu recebo, Senhor,
nesta comunidade de santos!
De todos os que creram em ti
ao longo da história,
e de todos os que creem agora,
recebi exemplos maravilhosos,
o Evangelho feito vida, a família da Igreja, a fé,
e um amor que me acompanha de muitas formas.
Todavia, eu não quero só receber. Eu quero dar também.
Qual poderá ser a minha contribuição?
O que posso partilhar para contribuir
à vida de todo este corpo?
Acima de tudo uma vida como a tua, cheia de santidade,
uma fé viva, e um coração aberto de par em par.
Isso quero oferecer.

● Contamos

Parábola do corpo

Um dia a mão esquerda disse à mão direita:

— Nós trabalhamos para o estômago e ele... nada!

Assim que as pernas ouviram isso, disseram:

— Nós também, e ele só come! Vamos fazer greve. E se o estômago quiser comer, que se vire como puder.

Ouvindo tudo isso, o estômago disse com tristeza:

— Eu não sou um acomodado. Nossos trabalhos são diferentes. Dependemos uns dos outros.

Mas sem permitir-lhe continuar falando, os braços também engrossaram o protesto.

Depois de alguns dias, porém, os braços começaram a se queixar da fraqueza e do cansaço em que se encontravam. Faziam-lhe coro as pernas e a cabeça, bem como todos os membros do corpo, que eram unânimes na mesma queixa.

Então o estômago falou de novo mostrando-lhes o seu erro, do qual estavam sofrendo as consequências, e propondo-lhes que voltassem a alimentá-lo... A cabeça pensou, as pernas foram onde havia comida, as mãos a levaram até a boca e pouco depois exclamaram:

— Parece que estamos nos recuperando. Como estamos bem!

Todos os membros do corpo, então, compreenderam muitas coisas.

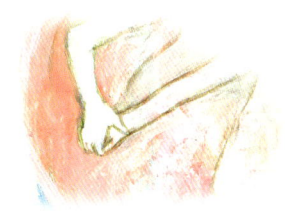

A comunidade dos santos é como um grande corpo com muitos membros. Todos são distintos e todos são necessários. Todos eles formam o Corpo completo de Jesus Cristo.

● Contemplamos

O que vemos

Olhe para a imagem atentamente. Observe todos os detalhes. O que você vê? Primeiro, uma figura central que identificamos com Jesus ressuscitado.

Ele é a cabeça de um corpo que, na realidade, é formado por muitas outras pessoas que o rodeiam e que constituem uma unidade com ele. São diferentes, mas estão unidas.

Que diferenças existem entre elas? Que sentimentos os seus rostos expressam?

Dentre elas distingue-se Maria, com um véu azul. Algumas pessoas carregam na mão uma palma, que é o símbolo dos mártires.

A cor predominante é o branco, a cor da luz e da ressurreição.

Na parte inferior há uma figura pequena, que parece estar virando as páginas de um livro, ajudada por uma outra maior, que lhe sorri.

O que mais chama sua atenção?

O que descobrimos?

É a comunidade dos santos. Todos unidos a Cristo, formando um só corpo com ele, transformados nele. Especialmente Maria, a Virgem Santa. As diferenças de idade, raça ou sexo não provocam mais nenhuma divisão. É o Reino do amor. Alguns já estão plenamente nele. Outros ainda não totalmente. Por essa razão é que continuam virando as páginas do livro de sua vida. Mas fazem isso ajudados pelos que já chegaram lá. Entre uns e outros há comunicação.

Oremos

Senhor Jesus, olhando para esta imagem, quero te dizer...

- Viver unido a ti é encontrar a felicidade, agora e depois da morte...
- Quero ser um membro vivo desta comunidade de santos...
- Preciso da tua ajuda e da ajuda de todos os santos para continuar virando as páginas da minha vida...

12 Creio na remissão dos pecados

● Escutamos

✓ Certa ocasião, criticaram Jesus por ele se sentar para comer com pecadores e com pessoas de má reputação. Ele lhes respondeu: *Não são as pessoas com saúde que precisam de médico, mas as doentes. Não é a justos que vim chamar à conversão, mas a pecadores. (Lc 5,31-32)*

✓ Estando na cruz, pouco antes de morrer, Jesus pedia ao Pai o perdão para aqueles que o tinham crucificado: *Pai, perdoa-lhes! Eles não sabem o que fazem! (Lc 23,34)*

✓ São Paulo pede aos cristãos que perdoem uns aos outros, porque todos foram perdoados por Deus: *Sede bondosos e compassivos, uns para com os outros, perdoando-vos mutuamente, como Deus vos perdoou em Cristo. (Ef 4,32)*

● Cremos

Só o perdão salva

Creio, Jesus, que tu desejas sempre perdoar.
Teu coração procura o pecador para poder salvá-lo.
Creio que o pecado é tudo aquilo que não é amor.
Contudo, teu amor é mais forte do que qualquer pecado.
Tu, que sabes que o pecado escraviza,
nos deste de presente o sacramento do Perdão.
Nele te aproximas de nós e nos libertas,
nos dizes que nos amas e nos dás um coração novo.
Creio, Jesus, que só o perdão salva,
que a vingança e o "olho por olho" nunca consertam nada.
Creio em ti, Jesus, amigo dos pecadores, amigo meu.

● Louvamos

Louve a Deus pela sua misericórdia

Deus é misericordioso, não acusador, e deseja eliminar o pecado de nossa vida. Bendigamo-lo por tudo aquilo que ele faz em nós:

Minha alma, bendize o Senhor,
e não esqueças nenhum de seus benefícios.
É ele quem perdoa todas as tuas culpas,
e te coroa com sua bondade e sua ternura.
O Senhor é misericordioso e compassivo,
lento para a cólera.
Ele não nos trata conforme nossos pecados.
Pois quanto é alto o céu sobre a terra
tanto prevalece sua bondade para com os que o temem.
Quanto é distante o oriente do ocidente,
tanto ele afasta de nós nossas culpas.
(Sl 103[102])

Dê graças pelo perdão recebido

Sempre que você se reconhecer pecador diante de Deus, receba o dom do seu perdão. Procure lembrar todas as vezes que isso aconteceu. E dê graças por esse amor incondicional e sempre renovado do Senhor:

Revelei-te o meu pecado,
o meu erro não escondi.
Eu disse: "Confessarei ao Senhor as minhas culpas",
e tu perdoaste a malícia do meu pecado.
Quem confia no Senhor
é envolvido pela sua graça.
Alegrai-vos no Senhor e exultai, ó justos,
jubilai, vós todos, retos de coração. (Sl 31[30])

● Rezamos

Tu, sim, me conheces

Às vezes me pergunto como eu sou realmente.
Em certas ocasiões encontro em mim mesmo bons sentimentos,
e me sinto animado, capaz de fazer muitas coisas boas.
Outras vezes descubro em mim mesmo ideias e sentimentos
de que não gosto nem um pouco. Inclusive me sinto pecador.
Como sou realmente? Será que não me conheço?
Talvez não totalmente. Mas tu, Senhor, tu sim me conheces.
Me olhas com amor e não te deténs no meu pecado.
Vais mais a fundo e descobres em mim
um bom coração que nenhum pecado pode afogar.
Foi assim que olhaste para o ladrão Zaqueu, para a mulher adúltera
e para o teu amigo Pedro, quando ele te renegou.
Tu lhes descobriste o tesouro que levavam dentro de si
e assim mudaste a sua vida.
É isso que fazes comigo agora. Obrigado, Senhor.

O presente mais gostoso

Tenho dificuldade para perdoar, Senhor.
Quando alguém me fez sofrer
ou foi injusto comigo,
sinto que está me devendo algo que precisa pagar.
Penso que perdoar seja algo humilhante,
que me faz parecer um fraco ou um bobo.
Mas quando olho para ti, vejo que,
para perdoar, é preciso ser muito forte.
Perdoar não é aceitar tudo como se fosse bom,
nem dissimular o mal dos outros
como se não existisse.
Perdoar é presentear amor
para que o outro possa mudar.
Ajuda-me, Senhor, a ser capaz
de dar esse presente tão caro.

● Contamos

O moço da moto

A manhã era cinzenta. O asfalto estava coberto por uma capa de barro escorregadia. O motoqueiro transitava com precaução, quando um veículo, sem dar sinal, invadiu a sua pista. O moço da moto assimilou como pôde a surpresa e buzinou na vã pretensão de que o outro reconhecesse o seu erro. O motorista do carro, ferido em seu amor próprio, freou bruscamente, obrigando a moto a frear também, o que acabou fazendo-a derrapar; a moto e o jovem foram parar no chão. Tudo aconteceu numa fração de segundo. Quando este se recompôs, o veículo havia desaparecido. Ele se levantou do chão, limpou as mãos na calça, recolheu suas coisas e partiu atrás daquele despreocupado motorista.

Alcançou-o, julgando-se o tal, parado num semáforo por perto. Parou a moto, desceu, tirou o capacete e se aproximou do carro. O motorista, vendo pelo retrovisor a atlética figura que se aproximava, temeu pelo pior. O moço da moto, balançando a cabeça, disse:

— Eu poderia quebrar a sua cara. Eu acabaria com você, mas destruiria a minha alma. Vá embora e não faça mais isso!

O semáforo abriu.

Os passantes, surpresos, não entenderam nada.

A vingança causa dano em quem a recebe e em quem a produz. O perdão faz bem a quem o dá e a quem o recebe. Por isso Deus nunca deixa de perdoar.

● Contemplamos

O que vemos

Olhe para o quadro atentamente. O que você vê?

Há uma pessoa em três diferentes posturas. Note as diferenças entre elas: a cor, o gesto, aquilo que exprimem... Concentre-se, sobretudo, na figura da direita. O que faz com as mãos e os pés?

Do fundo se ergue uma cruz branca. No céu, há um sol e um pássaro, também brancos.

O que descobrimos?

São três momentos distintos na vida de uma mesma pessoa.

1. A pessoa está fechada em si mesma, isolada do exterior, preocupada e aflita. A cor dominante é o cinza, a ausência de luz e calor. É a situação daquele que está no pecado.
2. A pessoa se endireita, recupera a serenidade, há mais cor em sua vida, mas ainda vive na dependência daquilo que não vai bem.
3. No final a pessoa, cheia de luz, levanta a cabeça agradecida, ergue as mãos como quem se oferece e começa a caminhar.

Esta é a experiência daquele que é perdoado por Deus. Todo este caminho foi possível graças ao amor que Jesus Cristo nos mostrou na cruz, o sinal da salvação e da vida.

A cena é presidida pelo sol e pelo pássaro de luz, símbolos do amor de Deus dado a todos, como o sol que surge todos os dias para os bons e os maus, sem discriminação.

Oremos

Senhor, olhando para este quadro, quero te dizer...

- Sempre recorrerei a ti quando precisar ser perdoado...
- Obrigado porque teu amor me liberta para caminhar pela vida, cheio de luz...

13 Creio na ressurreição da carne e na vida eterna

● Escutamos

✓ Várias vezes Jesus falou aos seus amigos sobre a vida depois da morte. Dava-lhes mensagens cheias de esperança, como estas:
Esta é a vontade do meu Pai: quem vê o Filho e nele crê tenha a vida eterna. E eu o ressuscitarei no último dia. (Jo 6,40)
Eu sou a ressurreição e a vida. Quem crê em mim, ainda que tenha morrido, viverá. (Jo 11,25)

✓ São Paulo animava os cristãos de Tessalônica (Grécia) a ter esperança, crendo na ressurreição dos que haviam morrido:
Irmãos, não queremos deixar-vos na ignorância a respeito dos mortos, para que não fiqueis tristes como os outros, que não têm esperança. Com efeito, se cremos que Jesus morreu e ressuscitou, cremos também que Deus, por meio de Jesus, levará com ele os que adormeceram. (1Ts 4,13)

● Cremos

Um passo para a vida

Creio, Jesus, que a morte não é o final do caminho.
E que aquilo que chamamos "o fim do mundo"
é, na realidade, o começo de algo maravilhoso.
Unidos a ti, a morte é só um passo
rumo à ressurreição, rumo à vida plena.
Creio que ressuscitarei, totalmente eu,
tudo o que sou, mas transformado.
Então compreenderei a verdade toda
e viverei amando sempre.
Isso será a festa sem fim, à qual damos
o nome de "céu". Creio e espero, Jesus.

● Louvamos

Dê graças a Deus porque a morte não é o fim ————

Podemos nos dirigir a Deus unidos a todos aqueles que, como Jesus, já experimentaram a ressurreição:

Senhor, tu me fizeste voltar do abismo,
restituíste-me a vida
para eu não descer à sepultura. (Sl 30[29])

Eu te darei graças, Senhor, meu Deus, de todo coração
e darei glória a teu nome sempre,
porque é grande para comigo o teu amor;
do profundo dos infernos me tiraste. (Sl 86[85])

Louve a Deus pela vida eterna ————

Ao expressar nossa confiança em Deus, aumentam em nós a esperança e o desejo da vida que ele quer nos dar:

O caminho da vida me indicarás,
me saciarás do gozo da tua presença;
alegria plena à tua direita, para sempre. (Sl 16[15])

Tua bondade e tua misericórdia
vão me acompanhar
todos os dias da minha vida
e vou morar na casa do Senhor
por muitíssimos anos. (Sl 23[22])

● Rezamos

Fui convidado

Fui convidado para a grande festa final.
Não te esqueceste de mim:
me revelaste que contas comigo.
Obrigado, Senhor. Não mereço tanto.
Mas quero me preparar bem para a ocasião.
Nesta festa não é preciso pagar nada,
nem levar presentes.
Mas não posso me apresentar com um coração fechado,
ou com cara de poucos amigos, ou sem querer saber
nada de ti, que foi quem me convidou.
Isso seria um vexame!
Quero ir me acostumando aos poucos
a viver aquilo que me espera no final de tudo.
Assim vou me preparar bem para a festa da ressurreição.

Quando morre um ente querido

A morte de alguém que amamos
faz com que nos sintamos mal.
Deixa em nós uma sensação de vazio e de pena
e nos perguntamos por que teve que morrer
justamente esta pessoa.
A morte nos emociona e nos faz chorar.
E no meio de tudo isso nos lembramos de ti, Senhor.
Às vezes reclamamos contigo sobre o que aconteceu,
como se tu tivesses que ter feito algo
que não fizeste. Na realidade o que nos ajuda
é lembrar que o teu amor acompanha a pessoa
que morreu e a leva à ressurreição.
E que nós podemos continuar unidos a ela.
E também sentir que tu mesmo
estás ao nosso lado nestes momentos,
como um amigo que nos acompanha e nos anima,
e continua falando de uma vida plena
que não acaba com a morte.

● Contamos

O céu e o inferno

Certo dia, um sábio visitou o inferno. Lá viu muitas pessoas sentadas ao redor de uma mesa ricamente servida.

A mesa estava cheia de alimentos, cada um mais apetitoso e delicioso que o outro. No entanto, todos os comensais tinham rosto de famintos e gestos abatidos. Deviam comer com colheres, mas não conseguiam porque eram colheres tão grandes que pareciam um remo. Por isso, por mais que esticassem o braço, nunca conseguiam levar nada à boca.

Impressionado, o sábio saiu do inferno e subiu ao céu. Para sua grande surpresa, viu que lá também havia uma mesa cheia de comensais e com as mesmas iguarias.

Neste caso, contudo, ninguém tinha um rosto descomposto; todos os presentes reluziam um semblante alegre, respiravam saúde e bem-estar por todo o corpo. Ocorre que ali, no céu, cada um se preocupava em alimentar, com aquelas grandes colheres, quem estava a sua frente.

No além, como neste mundo, a felicidade e a infelicidade dependem do grau de amor ou de egoísmo que cada um carrega em si mesmo.

● Contemplamos

O que vemos

Olhe para a imagem atentamente. Observe todos os detalhes. O que você vê?

Há três figuras centrais. A maior é de Jesus Cristo ressuscitado, vestido de branco e luminoso. Ele segura pela mão um homem e uma mulher, que o olham sorridentes e agradecidos. Onde estão colocadas essas três figuras? Que há ao redor delas? Ao fundo há mais figuras. O que elas expressam?

Vemos também três círculos de luz. Uns mais luminosos do que os outros. Na parte superior, o sol e a luz. E o terceiro?

Olhando para o conjunto da imagem, que sensações transmite?

O que descobrimos?

O que Deus nos anunciou para o final: a ressurreição e a vida eterna.

O pintor o imagina como um jardim no qual há vida, luz, paz e alegria.

É um espaço aberto, cheio de pessoas, não uma propriedade privada de uns poucos.

A luz brota de Jesus Cristo, o primeiro ressuscitado, o qual abriu a porta deste formoso jardim para todos os demais. É uma luz intensa e quente, que gera vida.

Ele ressuscita e salva toda a humanidade, representada pelo homem e pela mulher.

Esse homem e essa mulher somos cada um de nós.

Oremos

Senhor, olhando para esta imagem, quero te dizer...

- Obrigado pelo dom da ressurreição e da vida eterna...
- Obrigado porque, com um final assim, vale a pena viver...
- Que todos nós, homens e mulheres, possamos nos encontrar neste mundo novo e feliz!

Uma proposta de oração

Nesta oficina vamos propor-lhe que reze sentindo dentro de si o Espírito Santo.

Nos capítulos anteriores, você pôde rezar ao Espírito de Jesus, o Espírito Santo. Ele movia Jesus e também nos move. Desde o Batismo temos em nosso íntimo este mesmo Espírito que Jesus nos prometeu. Vive no mais profundo de cada um de nós. O Espírito Santo plenifica também a Igreja, a comunidade dos seguidores de Jesus.

O Espírito é a Vida, o Alento, a Força que nos move em direção a tudo o que é bom e formoso. O Espírito produz paz no coração. Mas é preciso voltar-se para si mesmo, a fim de se dar conta disso.

É o que lhe propomos agora. Leia os passos sugeridos e siga-os.

1. Volte-se para si mesmo

✓ Sente-se, mantendo as costas retas e as pernas sem cruzar. Ponha as mãos sobre os joelhos com os braços relaxados.

- Feche os olhos, respire fundo e relaxe os ombros e todos os músculos. Deixe que o corpo pese.
- Sinta o ar entrando pelo seu nariz e chegando aos pulmões. O Espírito é como o ar. Respire tranquilo.
- Observe agora que o seu coração está batendo. Você pode tomar seu pulso com a mão e perceber o ritmo. O sangue corre por suas veias. O Espírito é como o impulso de vida que há dentro de você.

✓ Você ouvirá ruídos exteriores. Procure não pensar muito neles e, pouco a pouco, verá que eles irão perdendo intensidade.

✓ Tente entrar com seu pensamento no silêncio que há dentro de você.

- Ali está o Espírito.
- Deixe que a paz invada-o.

2. Dirija-se ao Espírito

✓ Quando tiver feito o que dissemos anteriormente e estiver em silêncio, relaxado e em paz, pode ir repetindo devagar frases como estas:

– Espírito Santo, tu ocupas meu coração.
– Espírito Santo, tu és a Vida.
– Espírito Santo, tu estás em mim.
– Espírito Santo, tu és a Paz.
– Espírito Santo, põe em mim os sentimentos de Jesus.
– Espírito Santo, vem.
– Espírito Santo, vem a todos os amigos de Jesus.
– Espírito Santo, ocupa o mundo inteiro...

3. Escreva sua oração

✓ Para concluir seu momento de oração, você pode escrever algumas frases ao Espírito. É o momento de expressar o que sentiu na oração ou então algum outro sentimento que esteja brotando em seu coração.

Sumário

Creio em um só Deus,
Pai todo-poderoso,

Criador do céu e da terra,
de todas as coisas visíveis
e invisíveis.

Creio em um só Senhor, Jesus Cristo,
Filho Unigênito de Deus, nascido do Pai
antes de todos os séculos:
Deus de Deus, luz da luz,
Deus verdadeiro de Deus verdadeiro;
gerado, não criado,
consubstancial ao Pai.
Por ele todas as coisas foram feitas.

E por nós, homens,
e para nossa salvação, desceu dos céus
e se encarnou pelo Espírito Santo,
no seio da Virgem Maria,
e se fez homem.

Também por nós foi crucificado
sob Pôncio Pilatos;
padeceu e foi sepultado.

Ressuscitou ao terceiro dia,
conforme as Escrituras,
e subiu aos céus,
onde está sentado à direita do Pai.

E de novo há de vir, em sua glória,
para julgar os vivos e os mortos;
e o seu Reino não terá fim.

Creio no Espírito Santo,
Senhor que dá a vida,
e procede do Pai e do Filho;
e com o Pai e o Filho é adorado e glorificado:
ele que falou pelos profetas.

Creio na Igreja, una,
santa, católica e apostólica.

Professo um só batismo
para remissão dos pecados.

E espero a ressurreição dos mortos
e a vida do mundo que há de vir.
Amém.

Impresso na gráfica da
Pia Sociedade Filhas de São Paulo
Via Raposo Tavares, km 19,145
05577-300 - São Paulo, SP - Brasil - 2011